골프 천재가 된 홍 대리
2

골프 천재가 된 홍 대리 2

초판 1쇄 인쇄 2011년 3월 7일
개정판 1쇄 인쇄 2022년 11월 9일
개정판 1쇄 발행 2022년 11월 16일

지은이 김헌
펴낸이 김선식

경영총괄 김은영
콘텐츠사업7팀장 김민정 콘텐츠사업7팀 김단비, 권예경
편집관리팀 조세현, 백설희 저작권팀 한승빈, 김재원, 이슬
마케팅본부장 권장규 마케팅1팀 최혜령, 오서영
미디어홍보본부장 정명찬 홍보팀 안지혜, 김민정, 오수미, 송현석
뉴미디어팀 허지호, 박지수, 임유나, 홍수경 디자인파트 김은지, 이소영
재무관리팀 하미선, 윤이경, 김재경, 안혜선, 이보람
인사총무팀 강미숙, 김혜진
제작관리팀 박상민, 최완규, 이지우, 김소영, 김진경, 양지환
물류관리팀 김형기, 김선진, 한유현, 민주홍, 전태환, 전태연, 양문현, 최창우
외부스태프 편집 퍼블루션 디자인 날마다작업실 일러스트 오동진

펴낸곳 다산북스 출판등록 2005년 12월 23일 제313-2005-00277호
주소 경기도 파주시 회동길 490 다산북스 파주사옥
전화 02-702-1724 팩스 02-703-2219 이메일 dasanbooks@dasanbooks.com
종이 IPP 인쇄 북토리 코팅·후가공 제이오엘엔피 제본 다온바인텍

ISBN 979-11-306-9511-2 (04690)
(세트) 979-11-306-8094-1 (04690)

골프 천재가 된 홍 대리 ②

김헌 지음

**독학으로 3개월 만에
보기 플레이어로 거듭난
홍 대리의 비밀**

다산
라이프

등장인물 소개

· 홍기덕

골프채 한 번 잡아 본 적 없다가 열흘 만에 머리를 올린 철강
회사 영업팀 대리. 이후 90타대의 스코어를 유지하며 나름
만족하지만, 딸 윤서진과의 교제를 반대하는 윤길성 이사에
게 자신의 강한 의지를 증명하기 위해 철강인 골프 대회에 참
가하기로 하고 보기 플레이어를 목표로 스코어 향상에 돌입
한다.

· 김헌

누구나 쉽고 빠르게 골프를 배울 수 있는 획기적인 레슨
법을 고안해 골프 입문자들을 비롯해 골프로 인해 어려
움을 겪는 사람들을 돕고 있다. 홍 대리가 골프에 입문
해 머리를 올리는데 가르침을 주었을 뿐 아니라 보기 플
레이어가 되는 과정에서도 길잡이가 되어준다.

· 윤서진

골프를 계기로 인연을 맺은 홍 대리의 여자친구. 자기가 다니
고 있는 건설회사 이사의 딸로, 당당한 전문 경영인을 꿈꾸며
현장 실무를 익히고 있다. 아버지가 홍 대리와의 교제 사실을
눈치채고 이를 반대하지만, 소신 있게 꿋꿋이 맞선다.

골프 천재가 된 홍 대리 2

· 이윤아

철강 업계에서는 보기 드물게 여성으로서 부장의 자리에 까지 오른 인물. 홍 대리에게 김헌 사부를 소개해줌으로 써 홍 대리가 골프에 입문하는 데 결정적 역할을 했고, 홍 대리가 철강인 골프 대회에 참가하는 데도 도움을 아끼지 않는다.

· 윤길성

홍 대리의 여자친구 윤서진의 아버지이자 홍 대리네 회 사의 주요 고객사의 이사. 올곧고 강직한 인품의 소유자 이기는 하지만 딸이 꿈을 이뤄가는 데 방해될까 봐 홍 대리와의 교제를 반대하기에 이른다.

· 서영규

홍 대리의 업계 라이벌이자 국내 유수의 제철회사 이사의 아들로 홍 대리와의 교 제 사실을 알면서도 자신의 배경을 무기로 윤서진에게 끊임없이 구애를 펼친다.

서문

머리 올리기도,
보기 플레이도 독학으로 가능하다!

『골프 천재가 된 홍 대리』 2권의 등장은 이미 예견되었던 일이다. 1권을 읽은 사람이라면 100타를 깨는 데 이어 보기 플레이에 도전하는 홍 대리 이야기가 나오리라는 것을 어느 정도 예상했었을 것이라는 말이다. 하지만 나로서는 후속작 집필을 그리 서두를 생각은 없었다. 그런데 채 반년이 안 되어 이렇게 2권이 나왔다.

여기에는 그럴 만한 이유가 있는데, 1권의 판매가 예상치 못한 방향으로 전개되었기 때문이다. 출판사와 함께 책을 기획할 때 취지는 골프 입문을 망설이는 이들에게 용기를 불어넣고 골프라는 게임 전체를 조망할 수 있는 지침을 마련해주는 것이었다. 그런데 출간 이후 수많은 독자 서평과 전화 문의를 받아 본 결과, 우리의 예상과는 달리 책을 선택한 사람들 대부분은 골프 입문 희망자가 아니라 이미 골프를 시작한 사람들이었다. 그리고 책에 대한 그들의 호응과 공감은 그야말로 폭발적이었다.

'어찌 이런 일이?'

방송에, 인터넷에 골프 레슨 콘텐츠가 넘치고 넘치는 와중에도 아마추어 골퍼들은 여전히 목마르고 허기져 있었음을 우린 깨달았다. 특히 각론은 발달해 있지만, 개론과 총론이 부재한 우리 골프의 현실을 다시 한번 절감했다. '스윙'을 이야기하면서 '골프'를 이야기하지 못하고, '기술'의 골프를 이야기하면서 '마음'의 골프를 담지 못하고 있다. 이것은 숲이 아니라 오로지 나무만 가르치고 멘탈과 피지컬을 별개의 것으로 다루는 단편적 레슨이 횡행한 결과, 골프를 온전히 이해하기 위해서는 스스로 길을 개척해 나갈 수밖에 없게 된 우리나라 골프의 슬픈 현실이다.

대단할 것도 없는 홍 대리의 이야기가 이미 골프를 치고 있는 사람들 사이에서 큰 반향을 일으킬 수 있었던 것은 그 주장이 옳고 그름을 떠나 총체적 관점에서 골프를 바라볼 수 있게 해주었기 때문이다. 게다가 다들 어렵다고만 하는 골프가 쉬운 데다, 독학으로 가능하다고까지 하니 위로도 받고 용기도 얻지 않았나 싶다. 어차피 1권의 독자 대부분이 이미 골프를 시작한 사람들이고 100타를 넘어 보기 플레이를 바라보고 있는 사람들이라면 그들에게 실질적이고 직접적인 도움이 될 이야기를 좀 더 빨리 정리해서 나누고 싶었다.

골프를 오래 한 사람들은 알고 있다. 골프의 성장 과정에 몇 개의 변곡점이 존재한다는 것을. 스코어가 100타 언저리일 때의 골프는 그저 오락의 차원이다. 하지만 보기 플레이의 경지는 그것만으로는 불가능한, 전략과 전술의 세계로서 골프가 생활의 한 부분으로 확고히 뿌리를 내려야 이를 수 있는 경지다. 그리고 그다음 목표가 될 싱글은 더욱 깊은 자신의 내면과 마주해야 하는 단계로, 혼자만의 노력이 아니라 기와 운의 흐름까지 읽을 수 있어야만 도달할 수 있고 일상과 골프가 합일되는 경지다.

소설의 형식을 취하고 있기에 세세한 기술적 내용을 모두 담을 수는 없지만 100타 언저리의 골프와는 사뭇 다른 보기 플레이어의 삶을 한 편의 영화처럼 담담하게 보여주고 싶었다. 그리고 이를 읽는 이들이 스스로 자신만의 '보기 골프'를 만들어 갈 수 있는 독학 골프의 길을 발견할 수 있기를 희망한다.

행복골프훈련소에서
김헌

차례

한영철강 영업팀 홍 대리는 붙임성 있는 성격으로 거래처와 좋은 관계를 유지하며 그럭저럭 실적을 유지해왔지만 얼마 전부터 공교롭게도 골프가 번번이 걸림돌이 되어 부진을 면치 못한다. 그러던 중 경쟁사인 승리철강과 경쟁을 벌이며 국내 유수의 건설회사인 대신건설 지하철역 공사 납품 건에 공을 들이는데, 한영철강과 승리철강을 저울질하던 대신건설 자재 담당 이사 윤길성은 두 회사의 담당자들과 골프 미팅을 갖자고 제안한다. 그때껏 골프채 한 번 잡아 본 적 없던 홍 대리가 한 달 안에 골프를 배워야 하는 위기에 처하게 된 것이다.

이러한 자초지종을 알게 된 홍 대리의 상사 이윤아 부장은 자신의 골프 사부인 김헌을 홍 대리에게 소개해 준다. 홍 대리는 김헌 사부가 운영하는 행복골프학교를 다니며 '면오소턴', '백향', '손보리' 등의 이름도 이상한 가르침들을 배우다 점점 김헌 사부를 둘도 없는 스승으로 모시게 된다.

한편, 윤길성 이사의 딸인 줄도 모르고 대신건설 구매팀에서 일하는 윤서진을 흠모해온 홍 대리는 서툰 고백을 하지만 이후 아무런 답변을 듣지 못해 답답해한다. 그러던 중 오랜 업계 라이벌

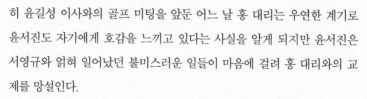

인 승리철강의 서영규가 그녀와 사귀고 있다고
오해하게 된 홍 대리는 그녀를 멀리하게 된다. 다행
히 윤길성 이사와의 골프 미팅을 앞둔 어느 날 홍 대리는 우연한 계기로
윤서진도 자기에게 호감을 느끼고 있다는 사실을 알게 되지만 윤서진은
서영규와 얽혀 일어났던 불미스러운 일들이 마음에 걸려 홍 대리와의 교
제를 망설인다.

　한영철강과 승리철강, 대신건설의 골프 미팅 당일, 뜻밖에도 윤길성 이
사는 자기 딸 윤서진을 이번 납품 건의 담당자라며 그곳에 데리고 나온다.
이에 놀란 홍 대리는 라운드 초반에는 난조를 보이지만 김헌 사부의 가르
침을 하나씩 되새겨가며 타수를 줄인 결과 마침내 골프를 시작한 지 한 달
만에 100타를 깨는 쾌거를 거둔다. 그리고 이날의 결과가 결정적 역할을
해 대신건설의 지하철 공사 납품 건은 한영철강에게 돌아가고, 라운드 과
정에서 지켜본 홍 대리의 모습에 확신을 얻은 윤서진은 비로소 그에게 완
전히 마음을 연다.

○ ○ ○ ○ ○ ○

※ 일러두기
본 콘텐츠는 소설 형식으로 구성되어 있으며 작중 설정상 오른손잡이를 기준으로
설명이 이루어져 있음을 알려드립니다.

PART 1

홍 대리, 보기 플레이어로 거듭나라

보기 플레이는 아무나 하나?

- 사악… 딱!

드라이버가 잔디를 스치며 공을 쳐 내는 경쾌한 타격음이 들려왔다. 한영철강 영업부 홍기덕 대리는 공이 허공을 가로지른 후 페어웨이 한가운데 떨어진 것을 확인하고는 고개를 돌려 동행한 사람들의 반응을 살폈다.

"나이스 샷!"

"홍 대리, 굿 샷이야!"

홍 대리가 안도의 한숨을 내쉬며 머쓱한 표정을 짓자 뒤쪽에 서 있던 사내가 다음 차례 티샷을 하기 위해 타석에 들어서며 말했다. 그는 미성건설 자재부 김기범 부장이었다.

미성건설은 홍 대리가 그간 신규 거래를 뚫기 위해 무척이나 애쓰고 있는 업체였지만 김기범 부장은 불과 한 달 전까지만 해도 홍 대리와의 미팅 제안조차 거절해왔었다. 그랬던 그가 먼저 홍 대리에게 골프 한번 치자며 연락을 해온 것이다.

소문난 골프광답게 김기범 부장의 드라이버 샷은 호쾌했다. 딱 보기에도 홍 대리가 쳐낸 공보다 훨씬 더 멀리 날아갔다.

"와아, 나이스 샷입니다!"

홍 대리의 찬사에 김기범 부장이 너스레를 떨었다.

"하하, 이 정도로 뭘. 평소보다는 덜 날아간 것 같아."

일행이 모두 티샷을 한 후 자리를 이동하는 도중에 김기범 부장이 홍 대리에게 말을 건넸다.

"요즘 여기저기 불려 다니느라 바쁘지?"

"네? 무슨 말씀이신지…."

"업계 사람들 이야기 들어보니까 다들 홍 대리랑 골프 한번 쳐보고 싶어서 안달이 났다고 하던데? 아닌 게 아니라 나도 그래서 자네한테 연락한 거고 말이야."

한 달 전, 대신건설 윤길성 이사와의 라운드에서 이제 막 골프를 시작한 홍 대리가 100타를 깼다는 소문은 업계에 일파만파로 퍼졌다. 이후 홍 대리에게는 그 소문이 사실인지 확인해보려는 사람들의 연락이 끊이질 않았다.

"어지간한 사람이면 머리 올리는 데만도 벅찬 시간에 100타를 깼다니 정말 대단해. 게다가 그 일로 대신건설 입찰까지 따냈으니 말이야."

"아, 그건 소문이 과장된 겁니다. 다행히 스코어가 잘 나와서 대신건설 자재 담당 이사님께 좋은 인상을 준 건 사실이지만 그 이전에 제 윗분들이 제안 조건을 맞추기 위해 애쓰신 게 주효했죠."

"하긴 윤길성 이사 그 양반 워낙 깐깐한 사람이니까."

김기범 부장은 그럴만 하다는 듯 고개를 끄덕였다.

"그건 그렇고 홍 대리, 이제 슬슬 보기 플레이 정도는 해야지."

골프의 18홀 규정 타수는 72타이므로 각 홀 평균 1타를 더치면 스코어가 90점이 되는데 이를 통상 보기 플레이bogey play 라고 한다. 이는 아마추어 골퍼 수준에서는 골프의 목표가 될 정도로 상당한 수준이다.

"골프 시작한 지 이제 두 달밖에 안 됐는데 언감생심입니다."

"겸손 떨긴, 한 달 만에 100타를 깬 자네니까 하는 말 아닌가? 요즘만큼만 실적 유지하고 보기 플레이어 되면 철강인 골프 대회에도 충분히 나갈 수 있을 것 같은데 말이야."

'철강인 골프 대회'는 매년 5월에 열리는 철강 업계 연례행사로 일종의 체육대회인 셈인데, 회사별로 대표 선수를 몇몇 선발하여 출전시킨다. 예전에는 임원급 직원이 주를 이루었지만 최근 몇 년 사이에는 과장, 대리급 직원도 심심치 않게 출전하고 있었다. 그런데 회사를 대표해서 나오는 만큼 단지 골프만 잘 치는 게 아니라 업무적으로두 뛰어난 직원이 선발되는 경우가 많아 철강인 골프 대회에 참가한다는 것은 곧 그 회사의 에이스 사원임을 증명하는 것이기도 했다.

"아이고, 과찬이십니다. 그러려면 아직 한참 멀었습니다."

홍 대리는 속으로 깊은 한숨을 내쉬었다. 지난 한 달 동안 골프장에 올 때마다 동행한 사람들로부터 늘 같은 이야기를 들었다. 한 달 만에 100타를 깼으니 보기 플레이 정도는 시간문제 아니냐는 것이었다. 홍 대리에게는 그런 기대가 은근히 부담되었다.

골프를 배운 이후 예전보다 훨씬 수월하게 인맥을 늘렸고, 이는 곧장 영업실적으로 이어졌다. 애초에 비즈니스를 위해 골프를 시작한 홍 대리로서는 이미 소기의 목적을 달성한 셈이었다. 게다가 뜻하지 않게 골프로 인해 오매불망 그리던 윤서진의 마음까지 얻게 되었다. 그런 홍 대리로서는 굳이 더 골프에 공을 들여야 할 필요를 느끼지 못했다.

홍 대리가 두 번째 샷을 하기 위해 드라이버 샷으로 보낸 공이 떨어진 곳에 이르자 김기범 부장이 안타깝다는 듯 말했다.

"에계, 여기면 170m 정도밖에 안 되잖아."

평균 드라이버 샷 비거리가 180m 정도인 홍 대리에게는 그리 불만스러운 결과가 아니었지만, 김기범 부장은 실망의 기색을 내비쳤다.

"쯧쯧, 한창 젊은 친구가 힘이 그리 모자라서 어떻게 해?"

그 자리에서 보니 김기범 부장이 드라이버 샷으로 날린 공은

골프 천재가 된 홍 대리 2

못해도 20~30m는 더 날아간 것 같았다.

"자네 숏게임 실력이면 드라이버 비거리만 늘려도 90타는 금방 넘길 텐데 말이야."

홍 대리에게 골프를 가르친 김헌 사부는 스코어를 줄이기 위해서는 반드시 비거리에 대한 욕심을 포기해야 한다고 했다. 스윙 연습을 열심히 하다 보면 그에 따라 비거리도 늘게 마련인 것을 사람들은 자기 연습량보다 더 멀리 공을 보내려고 해서 오히려 슬라이스나 미스 샷을 낸다는 것이었다. 그 욕심을 버림으로써 홍 대리는 결국 한 달이라는 짧은 시간 만에 100타를 깰 수 있었다. 하지만 비거리를 늘려야 한다는 이야기를 듣다 보니 홍 대리 또한 생각을 달리 해보지 않을 수 없었다.

'역시 보기 플레이어가 되려면 비거리를 늘리는 수밖에 없지 않을까?'

이런저런 생각에 머릿속이 어지러운 채 휘두른 홍 대리의 두 번째 샷은 아니나 다를까 탑핑이 나고 말았다. 이후에도 이런저런 실수가 계속된 끝에 그날 18홀을 모두 마친 홍 대리의 최종 스코어는 평소에 훨씬 못 미치는 103타에 머물고 말았다.

●

"쯧쯧, 그래서 벌레 씹은 표정을 짓고 있는 게야?"

김헌 사부가 뚱한 표정의 홍 대리를 바라보며 혀를 찼다. 김기범 부장과의 라운드가 있었던 다음 날인 일요일, 홍 대리는 답답한 마음에 행복골프학교를 찾았다.

"필드에만 나가면 다들 보기 플레이니 90타니 하도 이야기를 해대니까 라운드 도는 게 영 즐겁지가 않더라고요."

"이 친구야, 그런 걸 무슨 고민이라고 하고 있어?"

"네? 그럼 어떻게…."

김헌 사부가 속 시원한 답을 해주려나 싶어 홍 대리는 귀를 쫑긋 세웠다.

"그깟 보기 플레이, 해버리면 그만이지."

실없게 들리는 말에 김이 샌 홍 대리가 대꾸했다.

"사부님도 참, 사실 90타대 스코어 유지하는 것만 해도 저로서는 벅차다고요. 일하는 와중에 매일 빈 스윙하랴, 일주일에 한두 번씩 스크린골프장 가랴…. 그러다 보면 다른 건 신경 쓸 겨를이…."

"내 원 참, 서진 양이랑 데이트는 매일같이 하는 것 같던데 그럴 틈은 있나 보지?"

홍 대리는 허를 찔린 듯 당황스러워 말을 잇지 못했다.

"하려고 마음만 먹으면 왜 더 못해?"

"어쨌든 전 지금 정도 실력이면 충분히 만족해요. 제가 골프로 밥벌이할 것도 아니잖아요."

그러자 김헌 사부는 고개를 절레절레 흔들었다.

"남자가 그렇게 포부가 없어서야, 원."

그때 마침 윤서진과 이윤아 부장이 골프학교 문을 열고 들어왔다.

"다녀왔습니다. 사부님, 그런데 포부가 없다니 그게 무슨 말씀이세요?"

김헌 사부와 홍 대리가 하는 이야기를 들었는지 윤서진이 물었다.

"서진 씨, 홍 대리 다시 생각해 봐야겠어. 젊은 친구가 말이야 영…."

당황한 홍 대리가 김헌 사부의 말을 막았다.

"벼, 별거 아니에요. 오늘 수업은 다 끝났나 보죠?"

"아, 네."

그 역사적인 윤길성 이사와의 골프 미팅 이후 홍 대리와 윤서진은 본격적으로 교제를 시작했다. 그리고 골프가 계기가 되어 연인 관계로 발전한 만큼 윤서진도 일주일에 한 번씩 골프학교에서 골프를 배우기로 했고, 그간 면오소턴, 백향, 손보리 등의 메시지를 익히며 골프에 대한 이해를 재정립했다. 그런데 숏게임을 배우기로 되어있던 이번 주 수업은 특별히 이윤아 부장이 맡은 것이다.

"주말에 이렇게 시간 내주셔서 감사합니다, 부장님."

홍 대리의 인사에 이윤아 부장이 말했다.

"제가 자청한 건데요, 뭐. 가르치면서 저도 복습하고 좋았어요. 그보다 서진 씨가 배울 만했는지 모르겠네요."

그러자 윤서진이 손사래를 치며 대답했다.

"숏게임 스윙을 할 때 예전에 배운 대로 풀 스윙 동작을 줄여서 하면 영 감 잡기가 어려웠는데, 오늘 가르쳐주신 대로 축을 하나로 고정하고 그네 운동을 하면서 굴러준다 생각하니 한결 숏게임이 수월할 것 같아요. 기덕 씨, 이럴 게 아니라 저 금방 옷 갈아입고 올 테니까 스크린골프장에 가요!"

"스크린골프장이요? 아…. 네."

윤서진과 이윤아 부장이 옷을 갈아입으러 간 사이 홍 대리가 불평조로 혼잣말을 했다.

"에이, 오늘은 영화도 보고 한강 유람선도 타고 그러려고 계획을 다 세워두었는데…."

그러자 김헌 사부가 딱하다는 듯 말했다.

"겸사겸사해서 연습도 하고 그럼 좋지, 뭘 그래."

"데이트는 데이트답게 해야죠. 골프야 안 그래도 자주 치는 걸요?"

"쯧쯧, 고작 100타 깨고는 아주 기고만장하구먼. 자네 연습은 꾸준히 하고 있기는 한 게야?"

"그럼요. 매일 점심 먹고 회사 옥상에서 빈 스윙 100개씩 하고, 스크린골프장도 적어도 일주일에 한 번씩은 가죠. 게다가 요즘에는 하도 불려 다니다 보니 필드에도 한 달에 한 번 이상은 나가는 걸요?"

홍 대리의 이야기를 잠자코 듣고 있던 김헌 사부가 고개를 저었다.

"그러니 당연히 실력이 늘지 않는 거야. 쥐꼬리만큼 벌어놓은 주제에 지출만 늘었으니 말이야."

"네? 그게 무슨 말씀이신지…."

"내가 예전에 했던 말 벌써 잊었나? 빈 스윙이 저축이라면 실제로 공을 치는 샷은 지출이라고 한 이야기 말이야. 빈 스윙 연습량은 예전과 같은데 스크린골프장이나 필드에 나가서 하는 샷의 수는 훨씬 늘어난 셈 아닌가?"

구구절절 맞는 말이었기 때문에 별 대꾸를 하지 못하던 홍 대리가 다시 입을 열었다.

"하지만 아까도 말씀드렸다시피 전 지금 실력에 만족하는 걸요."

김헌 사부가 답답하다는 듯 뭔가 이야기를 하려는 찰나 윤서진과 이윤아 부장이 돌아왔다.

"서진 씨, 스크린골프장 가자고 했죠? 지금 바로 나갈까요? 사부님, 부장님, 오늘도 감사했습니다. 그럼 저희는 먼저…."

"그래요, 홍 대리. 18홀 다 돌고 때맞춰 저녁 먹으려면 서둘러야겠네요. 서진 씨, 그럼 다음에 또 봐요."

이윤아 부장이 두 사람에게 인사를 건네는 사이 김헌 사부는 실망한 표정으로 아무 말 없이 고개를 돌렸다.

●

"어머, 이번에도 그린에 올렸어요!"

윤서진은 스크린을 가리키며 신기한 듯 두 눈을 동그랗게 떴다. 오늘 배운 숏게임 스윙 요령으로 연달아 좋은 결과를 낸 것이다.

홍 대리가 다음 샷을 하기 위해 타석에 들어서며 흐뭇하게 말했다.

"저도 지난번 윤길성 이사님과의 라운드 직전에 숏게임 샷을 중점적으로 연습해두었던 게 제일 도움이 됐어요."

"그러게요, 이사님도 기덕 씨가 구력보다 숏게임 실력이 너무 좋다며 어디서 배웠는지 궁금해하셨잖아요."

샷을 마치고 타석에서 내려오는 홍 대리에게 윤서진이 물었다.

"그건 그렇고 아까 저희 나올 때 김헌 사부님 표정이 좀 안 좋은 것 같던데."

"아, 그게…."

"어머, 정말 무슨 일이 있었나 봐요?"

"사실 사부님은 제가 90타대 스코어에 안주하는 게 맘에 안 드시나 봐요."

"그랬구나… 하기 주변에서두 이제 보기 플레이 정두는 해야 하지 않겠냐고 말한다면서요?"

"하지만 평범한 샐러리맨 입장에서 골프에 더 공을 들이기는 현실적으로 어려울 것 같아요. 지금 실력으로도 일하는 데 충분히 도움을 받고 있고, 게다가….'

홍 대리는 잠시 머뭇거리다 말을 이었다.

"의도한 건 아니었지만 골프 때문에 이렇게 서진 씨와도 관계가 발전됐으니 전 더 바랄 게 없어요."

뜻밖의 말에 윤서진은 얼굴을 붉히며 고개를 끄덕였다.

●

"홍 대리, 오늘 저녁에 시간 어때?"

다음 날, 한영철강 영업팀 사무실. 팀장인 남윤창 과장이 출근하자마자 홍 대리를 불렀다.

"네, 별일 없긴 합니다만."

"잘됐네, 그럼 여섯 시에 서울 호텔에 좀 가 봐야겠어."

"무슨 일인가요?"

"세정건설 회장 자서전 출판기념회란다. 우리 사장님이 가시긴 하겠지만 그쪽 실무진도 많이 올 테니 자네가 가서 얼굴도장 좀 찍고 와. 뷔페도 나온다고 하니 한 끼 제대로 때울 수 있을 거야."

"아, 네."

그때 홍기덕의 뒤에서 누군가 속삭이듯 말했다.

"홍 대리님, 저도 따라가면 안 될까요?"

홍 대리와 등을 맞대고 앉는 같은 팀 후배 장충익이었다.

"뷔페 좋잖아요. 저도 이 기회에 안면도 좀 트고요."

그는 뒷머리를 긁적이며 머쓱한 미소를 지어 보였다.

"하긴 혼자 가면 뻘쭘하긴 하니까…. 아니, 잠깐 기다려 봐."

홍 대리는 무슨 생각이 떠올랐는지 급히 핸드폰을 꺼내 문자메시지를 보냈다.

서진 씨, 오늘 시간 괜찮으면 저녁 같이 먹을까요?

윤서진도 건설업계에 일하고 있어서 함께 간다고 해도 그다지 눈치 보일 일은 없을 터였다. 이윽고 답문이 왔다.

어쩌죠? 오늘은 가족 모임이 있어서요.

아쉬운 듯 입맛을 다시며 뒤를 돌아보았더니 장충익이 초롱초롱한 눈으로 그를 바라보며 배시시 웃고 있었다. 홍 대리는 하는 수 없이 장충익을 데리고 길을 나섰다.

연회장에 도착하니 그곳에는 이미 많은 사람이 자리를 메우고 있었다.

"우와 대단하네요."

장충익이 두 눈이 휘둥그레져서는 말했다.

"앗, 저분은 신문에서 자주 봤던 사람인데. 저기도!"

"명색이 세정건설 회장 아니냐? 창피하니까 좀 잠자코…. 어라?"

장충익은 어느새 음식이 있는 곳에 가서 기웃거리고 있었다.

"참 내."

그때 익숙한 얼굴이 눈에 들어왔다. 바로 한 달 전 홍 대리와 골프 라운드를 함께했던 대신건설 윤길성 이사였다. 그의 곁에 서 있는 중년 여성은 그의 부인인 듯했다.

골프 한 번 함께 쳤다고 철강회사 일개 대리가 건설회사 이사와 편한 관계일 리는 없었지만 그렇다고 자리를 피할 수도 없는 노릇이었다. 그런데 인사를 하려고 다가가던 홍 대리는 윤길성 이사의 뒤쪽에 서 있던 또 한 명의 여인을 발견하고는 놀란 나머지 그 자리에 멈추고 말았다.

"어, 어?"

화려한 드레스를 입고 서 있는 그녀는 바로 윤서진이었다. 그 순간 홍 대리의 머릿속이 복잡해졌다.

'가족 모임이 있다고 했는데, 도대체 어떻게 된 거지?'

그때 괄괄한 목소리 하나가 그를 상념에서 끄집어냈다.

"어이구, 윤 이사, 이게 얼마 만이야?"

덩치 좋은 중년 남성 하나가 윤길성 이사를 향해 악수를 청하고 있었다.

"오랜만이야, 서 이사."

"오, 서진이도 왔구나!"

그 남자는 윤서진에게도 친근하게 인사를 건넸다.

"서문식 이사님, 안녕하셨어요?"

윤서진 역시 자연스럽게 미소를 지으며 대답했다.

'서문식 이사?'

그 이름은 홍 대리에게 낯설지 않은 이름이었다.

'서문식, 서문식…. 아!'

서문식 이사는 다름 아닌 국내 최고의 제철회사 포커스의 이사이자 홍 대리의 라이벌인 서영규의 아버지였다.

"윤 이사, 다행이야. 서진이가 자네 말고 제수씨를 닮아서 나날이 미인이 돼 가는 걸, 허허허."

"아니, 이 친구. 하하!"

"어서 영규 녀석이 서진이 마음을 빼앗아 우리 며느리로 데리고 와야 할 텐데."

그 광경을 지켜보던 홍 대리는 망치로 뒤통수를 얻어맞은 듯 그 자리에 굳어졌다.

'윤서진, 윤길성, 윤서진, 윤길성. 왜 생각을 못 했을까!'

그제야 홍 대리는 지난번에 윤길성 이사가 골프장에 윤서진을 데리고 나타난 이유가 이해됐다. 사실 한 기업의 이사가 거래처와의 골프 회동에 말단 여직원을 데리고 나온 것은 범상치 않은 일이었다. 게다가 윤길성 이사가 그녀를 대하는 태도는 까마득한 부하직원을 대하는 것이라기에는 무리가 있었다. 그럼에도 당시의 홍 대리는 윤서진의 갑작스러운 출현에 놀란 나머지 그런 일 따위는 안중에 없었다.

그때였다. 그의 뒤에서 익숙한 음성이 들려 왔다.

"오랜만이다."

반사적으로 고개를 돌려 보니 그곳에는 서영규가 서 있었다.

"흠, 이제야 눈치를 챈 모양이네."

놀라움에 말을 잊지 못하는 홍 대리에게 서영규가 말을 이었다.

"네가 서진이에게 어울릴 만한 사람이 아니라고 한 이유를 이제 알겠냐?"

"뭐, 뭐라고? 이 자식이….."

홍 대리는 당황스러움과 분노가 뒤섞여 서영규의 멱살을 당장이라도 잡을 태세였다. 하지만 그 찰나 윤길성 이사 일행이 둘을 발견하고는 다가왔다.

"영규 군, 여기 있었군그래."

"안녕하십니까, 윤 이사님."

서영규가 먼저 인사를 했고, 홍 대리도 그를 따라 고개를 숙였다.

"참 내. 장인 될 사람만 보이고, 애비는 보이지도 않는 게냐?"

"헤헤, 아버지도 오셨어요?"

홍 대리를 발견한 윤서진도 놀라긴 마찬가지였다. 두 사람은 아무 말도 하지 못한 채 서로를 멍하니 바라볼 뿐이었다.

"근데 이 친구는 누구냐?"

서문식 이사가 서영규에게 물었다.

"아, 한영철강 있잖아요. 홍 대리라고, 거기 영업자예요."

"한영철강 홍 대리? 잠깐, 그럼 자네가 그 골프채 잡은 지 한 달 만에 100타를 깼다는?"

홍 대리가 민망해하며 대답했다.

"처음 뵙겠습니다. 한영철강 홍기덕입니다."

"이야, 이렇게 자네를 만나는군그래. 하도 소문이 자자하기에 궁금했던 차였는데 말이야."

서문식 이사가 신기한 듯 홍 대리를 바라보고 있는 사이, 그의 옆에 있던 윤길성 이사가 당혹스러운 표정으로 말했다.

"홍 대리, 오랜만이네. 그나저나 난처하게 됐군. 기왕 이렇게 된 거 할 수 없지. 자네도 서진이 잘 알지? 사실은 애가 내 딸이라네."

"아…. 네."

"서진이가 하도 신신당부를 해서 회사에서는 비밀로 하고 있네만 사실 쉬쉬해도 알 만한 사람은 다 알고 있는 것 같더군."

홍 대리와 윤서진 사이에 흐르는 어색한 낌새를 눈치챘는지 서문식 이사가 끼어들었다.

"허허, 이런 괜찮은 젊은이가 주변에 많아서 우리 아들이 눈에 안 들어오는 거 아냐?"

"예끼, 이 사람. 그런 것 아닐세. 우리 서진이가 일에 빠져 살다 보니 애초에 남자에 통 관심이 없어. 현장에서 차곡차곡 일 배워서 전문 경영인이 되는 게 꿈이거든."

"그럼 더 잘됐군그래. 같은 업계에 일하는 우리 아들하고 결혼하면 이런 천생연분이 또 어디 있냐는 말일세."

"나 원 참, 자네 입심에는 당해낼 수가 없구먼. 그만하고 가서 식사나 하세."

윤길성 이사 일행이 음식이 차려진 곳으로 자리를 옮기려 하자 윤서진이 조심스럽게 홍 대리에게 말문을 열었다.

"그럼 홍 대리님도 저희와 함께…."

"아, 아닙니다. 많이 드십시오. 저도 일행이 있어서요."

미안함 가득한 얼굴로 돌아서는 윤서진을 바라보는 홍 대리의 머릿속에는 서영규가 했던 말이 다시금 맴돌았다.

"너는 서진이에게 어울릴 만한 사람이 아니야."

홍 대리, 드디어 결심하다!

－퍼억!

표적 막에 맞고 떨어진 공이 타석 쪽으로 데굴데굴 굴렀다. 그
곳에는 이미 수많은 공이 모여 있었다.

"헉헉…."

홍 대리는 가쁜 숨을 내쉬었다. 윤서진과 윤길성 이사와의 관
계를 안 다음 날, 답답한 마음에 행복골프학교를 찾은 홍 대리는
화풀이라도 하듯 쉴 새 없이 클럽을 휘둘러 공을 쳐 내고 있었다.

"쯧쯧, 자네 지금 그걸 연습이라고 하고 있나? 그건 스윙이 아
니라 그냥 공을 패는 거야."

언제 왔는지 김헌 사부가 나무라듯 이야기했다.

"사부님, 오셨습니까?"

평소와 달리 홍 대리의 표정이 어둡다는 것을 눈치챈 김헌 사부가 물었다.

"아니, 자네 무슨 일 있었나?"

"…별일 아닙니다."

"흠, 그러지 말고 이야기해보게. 그렇게 마구잡이로 공을 쳐 낸다고 자네 고민이 풀릴 리 없으니."

김헌 사부의 채근에 홍 대리는 하는 수 없이 어제 있었던 일을 털어놓았다.

"그래, 서진 양이 그 윤길성 이사란 사람의 딸이었단 말이지?"

"네. 그날 윤길성 이사님이 뜬금없이 서진 씨를 데리고 나왔을 때 눈치챘을 법도 한데…."

홍 대리는 자신을 탓하듯 표정을 일그러뜨렸다.

"그래서 앞으로 어쩔 셈이야?"

김헌 사부의 질문에 잠시 뜸을 들이던 홍 대리가 입을 열었다.

"아직은 제가 집안 형편으로 보나 회사에서의 위치로 보나 부족한 부분이 많아서 저와 교제 중이란 걸 부모님께 밝히기가 망설여질 수도 있죠. 하지만…."

"하지만?"

"저로서는 서진 씨가 윤길성 이사님의 딸이라고 해서 달라질 건 하나도 없어요. 전 애초에 서진 씨의 배경을 보고 좋아한 게 아닌걸요. 혹여 부족한 배경의 사람이었다 해두 제 마음은 변함이

없었을 겁니다. 이제 제가 할 일은 서진 씨가 그 누구에게나 자랑
스럽고 떳떳하게 소개할 수 있을 만한 사람이 되는 거예요."

김헌 사부가 흐뭇한 표정으로 고개를 끄덕이며 말했다.

"그래, 남자라면 그래야지. 그런데 그렇게 잘 아는 놈이 아까는
왜 그렇게 공을 패대고 있었던 거냐?"

"서진 씨가 지금까지 저한테 말도 못 하고 혼자서 마음고생 했
을 생각을 하니 스스로한테 화가 났었던 겁니다."

그때였다. 골프학교 문이 열리더니 윤서진이 들어왔다. 그녀의
눈에는 눈물이 그렁그렁 맺혀 있었다.

"기덕 씨…."

"아니, 서진 씨가 여기 왜…?"

"전화를 걸려고 하다가 화가 나 있어서 안 받으면 어쩌나 싶어
서…. 아무래도 여기 있을 것 같아서 무작정, 흑."

말을 채 끝내기도 전에 눈가에 맺혀 있던 눈물방울이 기어이
뺨을 타고 흘러내렸다.

"문밖에서 기덕 씨가 한 이야기 다 들었어요. 정말 미안해요. 하
지만 절대 제가 기덕 씨를 부끄러워하거나 했던 건 아니에요. 다만
기덕 씨가 혹시라도 부담스러워 할까 봐 걱정됐던 것뿐이에요."

홍 대리는 울음을 주체하지 못하는 윤서진에게 다가가 그녀의
두 손을 잡았다.

"아, 아네요. 제가 부족해서 그런걸요, 뭘. 하지만 앞으론 달라

질 겁니다. 전 서진 씨한테 자랑스러운 사람이 될 자신이 있어요."

"고마워요, 이해해줘서."

그렇게 윤서진의 눈가를 닦아주던 홍 대리의 머릿속을 스치는 생각이 하나 있었다.

'그래, 철강인 골프 대회!'

●

– 휭… 휙…

다음 날, 점심을 서둘러 먹은 홍 대리는 회사 옥상에 올라가 빈 스윙 연습을 하고 있었다. 김헌 사부를 만나 골프를 배우기 시작한 이래로 특별한 일이 없는 한 그렇게 꼬박꼬박 빈 스윙 연습을 했다. 하지만 오늘 옥상에 올라온 데는 또 다른 이유가 있었다.

"홍 대리, 많이 기다렸어요?"

홍 대리가 빈 스윙 연습을 하는 사이 옥상 출입구 문을 열고 들어온 것은 바로 이윤아 부장이었다.

"아, 부장님. 오셨습니까? 바쁘실 텐데 이렇게 시간 내달라고 부탁드려서 죄송합니다."

"별말씀을, 우리가 어디 그냥 상사, 부하직원 사이인가요? 골프학교 선후배잖아요, 호호. 그런데 무슨 일로?"

"다름이 아니라 넉 달 후에 열리는 철강인 골프 대회에 나가 ᄇ

려고 하는데 어떻게 해야 할지 조언을 좀 얻을 수 있을까 해서요."

이윤아 부장은 뜻밖의 말에 당황스러운 표정으로 말했다.

"홍 대리가, 철강인 골프 대회에요? 그럼 적어도 보기 플레이 정도는 해야 할 텐데…."

"그, 그렇겠죠? 하지만 한번 마음먹은 이상 스코어를 꼭 끌어올리겠습니다."

"흠, 하긴 요즘 홍 대리 실적 정도면 추천받는 게 영 불가능하진 않겠죠. 아, 그건 알고 있죠? 철강인 골프 대회에는 각 회사에서 두 명씩 출전하는데 우리 회사에서는 임원진 추천으로 참가자를 뽑거든요."

"아, 그렇군요."

"그건 그렇고, 왜 갑자기 골프 대회에 관심을 두게 된 거죠? 사부님에게 듣기로는 홍 대리가 골프에 큰 욕심이 없는 것 같다던데?"

"사부님께서 그런 말씀까지 하셨나요?"

홍 대리는 민망한 표정으로 말을 이었다.

"사실은 며칠 전에 우연히 서진 씨가 윤길성 이사님 딸인 걸 알게 됐습니다. 그래서…."

"서진 씨가요? 아, 그러고 보니 윤길성 이사 딸이 대신건설에서 일하고 있다는 이야기를 얼핏 들은 적이 있긴 한데, 그게 서진 씨였다는 말이죠?"

홍 대리는 말없이 고개를 끄덕였다.

골프 천재가 된 홍 대리 2

"그런데 그게 홍 대리가 골프 대회에 나가는 것과 무슨 상관이죠?"

"서진 씨에게도, 서진 씨 부모님에게도 떳떳해지고 싶습니다. 내세울 것 없는 제가 그렇게 되기 위해서는 일단 제가 하는 일에서 유능한 사람이 돼야죠. 다행인지 불행인지 모르겠지만 서진 씨아버님이 윤길성 이사님이니 제가 회사 대표로 철강인 골프 대회에 나가면 분명 좋은 인상을 심어줄 수 있을 겁니다."

"흠, 제보다는 젯밥에 더 관심이 있는 거군요."

"아, 아닙니다. 나가게 되면 꼭 우승을…."

"호호, 농담이에요. 홍 대리에게는 겸사겸사 좋은 일이 되겠네요."

그러고는 잠깐 생각에 빠졌던 이윤아 부장이 말을 이었다.

"아까도 말했지만 홍 대리가 골프를 시작한 이후 실적이 부쩍 늘어서 윗분들도 홍 대리를 주목하고 있어요. 그러니 제가 홍 대리를 추천한다 해도 그리 이상한 일은 아닐 거예요. 다만 지금 골프 실력으로는 좀 무리예요. 아무리 친선 경기라 해도 질 게 뻔한 선수를 내보낼 순 없는 노릇이니까요. 그래서 말인데…."

홍 대리는 조마조마한 심정으로 이윤아 부장의 말을 기다렸다.

"골프 대회가 열리기 한 달 전까지 보기 플레이어가 되세요. 그럼 제가 임원진을 설득해보죠."

"그럼 앞으로 석 달밖에 시간이…."

"그런 셈이죠. 자신 없나요?"

"아, 아닙니다. 꼭 해낼 겁니다."

이윤아 부장이 먼저 내려간 후 옥상에 홀로 남은 홍 대리는 혼 잣말을 되뇌었다.

"석 달 만에 보기 플레이어라…."

내 삶에
골프를 뿌리내려라

일상을 골프로 재구성하라

이윤아 부장과 만난 다음 날, 홍 대리는 퇴근하자마자 서둘러 골프학교를 찾았다. 석 달 안에 보기 플레이어 수준으로 스코어를 끌어올려야 한다고 생각하니 마음이 다급해졌다.

"어이구. 홍 대리, 오랜만이네."

문을 열고 들어서자 김헌 사부와 친구처럼 지내는 박 교장이라는 분이 혼자 신문을 뒤적이고 있었다.

"김헌 사부가 오늘 좀 늦네그려. 오늘 나랑 장기를 두기로 했는데 말이야. 혹시 자네 장기 둘 줄 알면 여기 좀 앉아 보게."

"아, 죄송하지만 다음에. 제가 오늘은 연습을 좀 해야 해서요."

홍 대리는 넥타이만 대충 풀고는 곧장 타석에 들어섰다. 평소 아이언 클럽으로 빈 스윙 연습부터 하는 홍 대리였지만 오늘은 바로 드라이버를 잡았다. 그간 스코어를 높이기 위해서는 드라이버 비거리부터 늘려야 한다는 소리를 귀에 못이 박힐 정도로 들었기 때문이다.

'사부님께서는 비거리에 대한 욕심을 버리라고 하셨지만, 그건 머리 올리기 전에 하신 말씀이잖아? 비슷한 스코어 대의 사람들에 비해 숏게임 실력은 나은 편이니 비거리만 늘리면 분명 타수를 줄일 수 있을 거야.'

－퍼억… 퍽!

홍 대리는 쉴 새 없이 연달아 드라이버 샷을 해댔고, 그때마다 표적 막이 출렁이며 요란한 소리가 났다. 그런데 계속하다 보니 이상하게도 세게 치려고 한다고 해서 딱히 공이 더 강하게 날아가는 것 같지는 않았다.

그 사이 김헌 사부가 문을 열고 골프학교에 들어섰다.

"아, 사부님. 나오셨습니까?"

"요즘에는 주말에 서진 양 연습할 때나 따라 나오지 평일에는 코빼기도 안 비치더니 무슨 바람이 분 겐가?"

홍 대리가 민망한지 얼굴을 붉히며 말했다.

"사실은 철강인 골프 대회라는 업계 행사가 있는데 거기 한번 나가 보려고요."

"참 내, 골프로 밥벌이할 것도 아닌데 더 잘해서 뭐하냐고 할 때는 언제고."

"그러니까 그게…."

김헌 사부가 빈정대자 홍 대리는 하는 수 없이 자초지종을 털어놓았다. 이야기를 다 들은 김헌 사부가 까칠하게 자란 턱수염을 어루만지며 이야기했다.

"흠, 그럼 이제 석 달 남았다 이 말이지?"

"네, 그 전에 90타를 깨야 합니다."

"그래서 오늘 와서는 들입다 드라이버 샷을 해댄 거고 말이야."

"네? 아, 네. 아무래도 드라이버 샷 비거리를 늘려야 할 것 같아서…."

"스코어를 줄이려면 비거리를 늘리는 것도 중요하지."

비거리 욕심을 버려야 한다고 가르쳤던 김헌 사부였기에 화를 내면 어쩌나 했는데 뜻밖의 반응이었다.

"내 자네 드라이버 샷 점검을 해줄 테니 샷을 한번 보자고. 서진 양과 잘되는 데 도움이 되는 일이라는데 내 가만있을 수 없지."

"아, 사부님!"

홍 대리는 이윤아 부장이나 사부님까지도 이렇게까지 자기를 도와주는데 절대 실패하지 않겠노라고 다시 한번 결심을 다졌다.

"오늘은 드라이버 연습 한번 멋지게 해볼까."

사부가 컴퓨터를 조작하자 스크린에 50m 단위로 거리가 표시된 연습장 화면이 펼쳐졌다.

"자, 한번 해보게."

홍 대리는 클럽 거치대에서 드라이버를 뽑아 타석 앞에 섰다.

"휴."

그렇게 크게 숨을 한 번 내쉬고 페달을 눌러 티 위에 공을 올린 후 김헌 사부의 눈치를 보며 빈 스윙을 했다. 그리고 한 발 앞으로 다가가 공에 맞추어 셋업을 한 후 멀리 보내고야 말겠다는 일념으로 이를 악물고 백스윙을 했다.

– 딱! 부웅

"어, 어?"

스크린 속 공은 정면을 향해 날아가나 싶더니만 얼마 안 가 오른쪽으로 휘기 시작했다. 공이 착지한 후 화면에 표시된 비거리는 평소보다 긴 189m였다.

"슬라이스가 났네요."

"다시 해보게."

그렇게 몇 번을 거듭해서 샷을 했는데 거리가 더 나오기는 했지만, 어김없이 슬라이스가 났다.

'휘어서 날아가지만 않으면 되는데….'

홍 대리가 스윙하는 것을 잠자코 지켜보고 있던 김헌 사부가 마침내 입을 열었다.

"쯧쯧, 자네도 결국 병에 걸렸군?"

"네? 병이요? 그게 무슨 말씀이신지…."

김헌 사부는 한심하다는 표정으로 말을 이었다.

"죽어라 골프를 잘하고 싶어서 걸리는 병 말일세."

"아…."

홍 대리는 그제야 예전에 김헌 사부가 슬라이스를 노력 대비 기대 수준이 높아서 생기는 마음의 병이라고 했던 기억이 났다.

"아마추어들이 스윙에 어느 정도 자신이 붙으면 '좀 더 멀리, 좀 더 멀리' 하고 욕심을 내다가 걸리는 고질병이 바로 슬라이스야. 그런 사람이 하도 많다 보니 아예 훅 페이스 클럽을 만들어 팔기도 하지."

"훅 페이스 클럽이요?"

"초보자용으로 슬라이스를 방지하기 위해 클럽페이스를 아예 약간 왼쪽으로 틀어놓은 클럽이라네."

이야기를 들어보니 홍 대리는 그럴 만도 하겠다는 생각이 들었다.

"사부님, 그럼 그 병은 어떻게 고쳐야 하는 거죠?"

"이미 다 말해준 걸 또 묻는 겐가?"

"경로가 휘는 만큼 오조준을 하라는 말씀 말인가요?"

김헌 사부는 비거리를 포기해야 한다는 이야기를 할 때 그와 더불어 방향에도 집착해서는 안 된다고 했었다. 요컨대 직진성 타구만 고집할 필요 없으며 휘더라도 늘 똑같이 휘기만 하면 그에 맞추어 조준을 달리하면 된다는 것이었다.

"그래도 기왕이면 똑바로 날아가면 더 좋을 것 같은데, 슬라이스를 피할 요령은 정말 없는 건가요? 얼마 전에 한 거래처 상무님 이랑 필드에 나갔었는데 그분은 클럽페이스가 공과 만나는 순간 에 살짝 안쪽으로 틀어주면 좋다고 그러시던데…."

그 이야기를 들은 김헌 사부가 못 참겠다는 듯 웃음을 터뜨렸다.

"하하!"

"왜, 왜 그러시죠?"

"백스윙에서 공이 클럽에 맞는 순간까지 걸리는 시간은 고작 0.2초 정도밖에 안 돼. 그 찰나 동안에 자네가 클럽페이스를 마음 먹은 대로 컨트롤할 수 있을 것 같나? 야구로 치면 그건 추신수나 이치로 정도 돼야 배트를 자유자재로 놀릴 수 있는 것과 같은 이 치야."

홍 대리는 이야기를 듣고 보니 그도 그럴만 하다고 생각했다. 사실 제대로 소리를 내며 휘두르는 데만도 엄청난 집중력이 요구 됐기 때문이다.

"휴, 그럼 어떻게 해야 하죠?"

"어떡하긴, 자네가 심보만 고쳐먹으면 돼."

"네?"

"투자는 하지 않으면서 대박을 노리는 그 도둑놈 심보 말이야. 골프 스코어는 그 사람의 생활을 그대로 반영하는 걸세. 보기 플 레이어가 되려면 보기 플레이어다운 삶을 살아야 하고, 싱글이 되 려면 싱글 플레이어의 삶을 살아야지. 타이거 우즈나 소렌스탐처럼 온 삶을 골프에 투자하면 최고의 선수가 될 수 있고 말이야. 그 런데 연습이라고는 하루에 빈 스윙 20~30분하고 일주일에 한 번 씩 스크린골프장 가는 게 전부면서 보기 플레이어가 되려고 하니 그게 도둑놈 심보가 아니면 뭐냐는 말일세."

김헌 사부의 이야기를 들은 홍 대리는 마음이 찔렸다. 급한 마 음에 더 연습할 생각은 않고 당장 스코어를 늘리는 요령부터 찾았 기 때문이다.

"그럼 비거리도…?"

"그렇지. 비거리는 스윙 동작이 몸에 익고 안정될수록 그만큼 늘게 마련이야. 그런데 자기 스윙 실력보다 욕심을 부리니까 손목 에 과도하게 힘이 들어가고 동작이 흐트러져서 슬라이스가 나는 걸세."

홍 대리는 고개를 끄덕이고는 물었다.

"사부님, 그럼 보기 플레이어가 되려면 연습량을 얼마나 더 늘 려야 할까요?"

"자네 요즘 빈 스윙 몇 개씩 한다고 했지?"

"요즘에는 하루에 100개 정도씩 하고 있습니다."

"스크린골프장은 일주일에 한 번씩, 필드에는 한 달에 한두 번 꼴로 나간다고 했지?"

"네, 대략…."

"그래, 그렇게 해서 지금 드라이버 비거리는 얼마나 나오나?"

"170에서 180m 사이인 것 같습니다."

"7번 아이언은?"

"대개 100m 안팎입니다."

"공을 그린에 올린 후에 퍼팅은 몇 번이나 하나?"

"욕심부리면 오히려 실수할까 봐 되도록 세 번 정도에 나눠서 넣습니다."

홍 대리의 말을 들은 김헌 사부가 잠시 뜸을 들인 후 입을 열었다.

"그게 딱 90타대 수준이야. 90타를 깨려면 빈 스윙을 하루에 300번씩은 해야 하고, 그리고 매주 두 번 이상 스크린골프 게임을 하고 한 달에 적어도 두 번은 필드에 나가야 해. 그렇게 꾸준히 해서 드라이버와 7번 아이언 비거리가 각각 200m, 120m 정도 나오고, 퍼팅은 적어도 두 번 만에 홀 아웃할 수 있어야 보기 플레이가 가능하다네."

"아…!"

빈 스윙을 늘리고, 스크린골프장과 필드에 나가는 것은 금전적인 부분과 시간을 좀 더 투자해야겠지만 마음만 먹으면 얼마든지 가능한 일이었다. 하지만 비거리를 20~30m씩 늘리고 퍼팅 수를 줄이는 것은 너무나 먼일처럼 느껴졌다.

홍 대리의 당혹스러운 표정을 읽은 김헌 사부가 말했다.

"그래, 90타대 골퍼의 실력과 80타대 골퍼의 실력은 차원이 달

라. 게다가 좀 전에 말했던 것들만으로는 부족하다네."

"네? 또 뭘….'

점입가경의 상황에 홍 대리는 기운이 꺾여 물었다.

"골프가 생활의 일부가 되어야 해."

"생활의 일부라면…?"

"자네, 하루에 시간으로 따지면 골프에 얼마나 투자하고 있나?"

"스크린골프하고 필드 가는 것 빼고 매일 하는 거로만 치면 빈 스윙하는 데 쓰는 20~30분 정도인 것 같습니다."

"그럼 지금부터는 그보다 한 시간은 더 투자해야 해. 시간상 지금보다 세 배는 더 하는 거니까 빈 스윙은 못해도 500개씩은 해야 하고 말이야."

"500개요? 좀 전에 분명 90타를 깨려면 빈 스윙은 300개 정도 하면 된다고 하셨는데….'

"그건 일반적으로 그렇다는 거지. 꾸준히 연습한다고 가정했을 때 100타를 깨고 나서 보기 플레이어가 되기까지 대략 6개월 정도가 걸린다는 게 통설이야. 그런데 자네는 3개월 안에 그 수준에 올라야 하지 않나?"

홍 대리가 고개를 끄덕이자 김헌 사부가 말을 이었다.

"100타를 깨는 게 1만 번 정도의 빈 스윙으로 도달하는 경지라면, 보기 플레이는 3만 번 정도 더 빈 스윙을 해야 이를 수 있는 경지야. ㄱ 개수를 석 달 안에 채우려면 하루에 풀 스윙만 300번씩은 해야 해. 거기에 숏게임 스윙 동작 100번, 퍼팅 동작 100번이면 딱 500번이지."

"하루 90분, 빈 스윙 500개라…. 그 정도야 충분히 가능할 것 같습니다. 내일부터 당장…."

김헌 사부가 홍 대리의 말을 끊으며 말했다.

"그건 정식으로 연습하는 것만 치면 그렇다는 거야. 그 정도만으로 골프가 생활의 일부라 할 수는 없지. 일상 전반에 골프가 뿌리를 내려야 해. 이를테면 텔레비전을 볼 때도 빈 스윙을 하면서 보는 식으로 말이야."

"아, 가끔 버스나 지하철을 기다릴 때 체중 이동 연습을 하곤하는데 이런 것도 괜찮겠군요?"

"그렇지, 꼭 그런 동작 연습이 아니더라도 할 수 있는 건 많아. 골프는 하체의 힘이 중심이 되는 운동이니까 되도록 엘리베이터를 타지 않고 계단을 오르거나, 컴퓨터로 작업을 할 때나 책을 읽을 때 기마 자세를 하는 것만으로도 큰 도움이 되지. 요컨대 딱 정해져 있는 게 아니라 자기 생활을 골프에 맞추어 재조직하는 거지."

"그렇군요."

홍 대리는 순간 자기 일상을 돌이켜 봤다. 일단 김헌 사부가 이야기한 것들은 당장이라도 할 수 있는 것들이었다.

"그리고 내 개인적으로 한 가지 꼭 권하고 싶은 연습법이 두 가지 있네. 자네 집 근처에 혹시 산 있나?"

"산이요? 작은 야산이 하나 있기는 합니다만."

"잘 됐군. 그럼 하루 90분 연습 중 30분은 출근하기 전에 그 산에 올라가서 하게. 연습이야 아무 데서나 해도 상관없지만, 기왕 하는 거 산에 오르며 하체 운동까지 겸하면 좋지 않겠나? 그리고 점심 먹고 옥상 가서 30분하고, 퇴근 후 집에 가서 텔레비전 보며 30분 하면 딱 90분이지."

야트막한 산이라곤 해도 아침마다 등산해야 한다고 생각하니 살짝 부담되긴 했지만 홍 대리는 윤서진의 얼굴을 떠올리며 마음을 다잡았다.

"네, 그렇게 하겠습니다. 또 한 가지는 어떤 건가요?"

"자네 108배라고 들어 본 적 있나?"

"108배요? 사람들이 절에 가서 하는 것 말씀이신가요?"

"그래, 그 108배."

그 순간 김헌 사부의 얼굴에 어두운 기색이 희미하게 스쳤다.

"사업 실패하고 무일푼 신세가 되었을 때였지. 몸도 마음도 엉망이 된 채 세상과 연을 끊으려고 절에 들어가서 지낸 적이 있네. 그때 모든 것을 잊고 싶은 마음에 매일매일 108배에 전념하곤 했지."

숙연한 분위기에 홍 대리는 말없이 고개를 끄덕였다.

"그런데 뜻밖에도 그러다 보니 점점 몸 상태가 회복되어갔다네. 나중에 안 사실이지만 108배는 몸의 각 부분을 골고루 사용하는 전신 운동인 데다 운동 과정에서 단전호흡이 저절로 이루어져

서 기의 순환을 원활하게 하는 효과가 있다더군. 특히 하체 단련에 유용하고 말이야. 게다가 스스로를 낮추는 자세를 계속 취하다 보면 자연스레 겸손한 마음가짐을 갖게 된다네. 하체를 주로 사용하고 늘 겸허한 태도로 임해야 하는 골프에는 더할 나위 없이 좋은 운동인 셈이지."

▶ 108배를 시작하다

"아, 그렇군요. 그럼 저도 108배를…'.

"일단 한번 해보게. 효과가 있으면 계속하고 말이야. 하지만 꼭 해야 하는 건 아닐세. 아까도 말했지만, 요는 골프를 자기 생활의 일부분으로 만드는 거야. 사람 사는 게 다 제각각이니 골프를 삶에 뿌리내리게 만드는 방식도 각자가 찾아야지. 자, 이제 비거리 욕심 버리고 지금 자네가 가진 진짜 스윙 실력으로 다시 해보게나."

'내 삶에 뿌리내린 골프라….'

오늘 김헌 사부가 준 메시지는 당장 써먹을 요령이나 기술을 찾던 홍 대리에게 너무도 뜻밖의 것이었다. 하지만 이야기를 차근차근 들으면서 그 안에 담긴 의미를 이해할 수 있었다.

스윙은 유연성, 근력, 지구력으로 짓는 집이다

"하…."

새벽같이 동네 야산에 오른 홍 대리는 크게 숨을 들이쉬었다. 상쾌한 공기가 폐에 들어차면서 남아 있던 잠기운이 싹 달아났다. 김헌 사부에게 골프가 생활의 일부가 되어야 한다는 가르침을 받은 그날 이후 홍 대리는 일주일간 하루도 빼먹지 않고 산에 올라 빈 스윙 연습을 했고, 퇴근 후에는 빈 스윙 연습을 하고 나서 108배를 했다. 그리고 점심 후에 회사 옥상에서 해온 빈 스윙 연습도 잊지 않고 꼬박꼬박 챙겼다.

108배를 시작하기 전에는 100번이나 넘게 절을 한다는 게 굉장히 고될 것 같았는데 막상 하고 보니 시간도 오래 걸리지 않았고 체력적으로도 그리 무리가 되지 않았다. 또 전날 퇴근이 늦거나 업무상 술자리가 있어 아침 일찍 일어나기가 힘겨운 날도 있었지만, 철강인 골프 대회까지 이제 석 달이 채 남지 않았다고 생각하면 눈이 절로 떠졌다. 홍 대리가 윤서진에게 그리고 그녀의 부모님에게 떳떳하게 나설 수 있을 기회는 이번이 마지막일지도 모를 터였다. 그런 생각에 마음이 다급해진 홍 대리는 새벽 안개가 채 걷히지 않은 야산 공터에서 챙겨간 클럽을 꺼내 들고 빈 스윙 연습을 시작했다.

⬤

"싫어요. 어제 싫다고 말씀드렸잖아요!"

윤길성 이사가 출근하려고 나서는 윤서진을 붙잡고 타이르자 그녀가 단호한 목소리로 말했다.

"서진아, 왜 이렇게 아비 말을 못 알아듣니?"

윤길성은 답답한 듯 눈살을 찌푸렸다.

"저녁 식사 한 번 함께하는 게 뭐가 어렵다고 고집을 부려."

"그냥 식사 한 번이 아니니까 이러는 거잖아요."

"내가 영규 군을 어렸을 때부터 지켜봐 왔는데 야망도 있고 싹싹하기도 하고 아주 훌륭한 청년이야. 게다가 집안도 그만하면…."

윤길성 이사는 지난번 세정그룹 회장 자서전 출판기념회 때 서문식 이사와 만난 이후 윤서진에게 서영규와의 교제를 으그히 종용하고 있었다. 윤서진이 문을 막 나서려는 찰나 윤길성 이사가 얼굴을 굳히며 말했다.

"너 설마, 홍 대리 때문이냐?"

갑작스러운 질문에 당황한 윤서진은 입이 굳어진 듯 아무 말도 하지 못했다.

"영규 군 말이 사실이었던 모양이구나."

그는 옆에 있던 소파에 털썩 앉으며 긴 한숨을 내쉬었다.

"아빠, 홍 대리님 좋은 사람이에요. 나름대로 야망도 있고요."

윤서진이 한풀 꺾인 목소리로 말했다.

"예전에 골프장에서도 직접 보셨잖아요."

"그래, 말 잘했다. 봤으니까 이러는 거 아니냐!"

윤길성 이사의 목소리가 높아졌다.

"일도 열심히 하고 근성도 있어 보였던 건 사실이다. 하지만 네게 어울릴 만한 사람은 절대 아니야. 전문 경영인이 되고 싶다면서 그런 일개 월급쟁이 영업사원이 웬 말이냐!"

"아빠, 아직은 그렇지만 앞으로….'

"됐다, 영규 군 이야기는 더는 하지 않으마. 하지만 일이 더 커지기 전에 홍 대리와는 정리하도록 해라. 인사팀에 너를 총무부로 옮기라고 지시해놓을 테니 그렇게 알고."

윤길성 이사는 그러고는 뒤도 돌아보지 않고 먼저 문을 나섰다. 하지만 그렇게 막무가내로 말을 내뱉고 나왔으니 맘이 편할

리 없었다.

'홍 대리라…. 그 친구에 대해 좀 더 알아봐야 하나?'

●

홍 대리는 이날도 어김없이 점심을 먹은 후 빈 스윙을 하기 위해 회사 옥상을 찾았다. 시작한 지 일주일밖에 안 되기는 했지만, 아침저녁으로 연습을 하다 보니 한결 스윙이 수월해진 것 같았다.

"정말 열심이네요, 홍 대리."

어느새 왔는지 이윤아 부장이 뒤에서 인기척을 냈다.

"아, 부장님. 여긴 어떻게…?"

"나도 가끔 바람 쐬러 옥상에 올라와요. 내가 방해된 건가요?"

"아, 아닙니다. 그게 아니라….."

"호호, 농담이에요. 그나저나 좀 전에 보니까 스윙이 많이 는 것 같던데요?"

"그런가요? 실은 지난주에 사부님 찾아가서 90타를 깨기로 마음먹었다고 말씀드렸더니 이런저런 조언을 해주시더라고요. 그래서 아침저녁으로 빈 스윙도 하고, 108배도 하고 있습니다."

"그랬군요. 그럼 스트레칭도 병행하고 있겠네요?"

"스트레칭이요? 그런 말씀은 특별히 없으셨는데….."

이윤아 부장이 의아하다는 듯한 표정으로 말을 이었다.

"흠, 그럴 리가 없는데? 사부님께서 아주 강조하시는 부분이거든요. 저도 90타대에서 보기 플레이 단계로 넘어갈 때 고민이 많았는데 그때 사부님이 해주신 조언이었죠."

홍 대리는 보기 플레이란 말에 눈이 번쩍 뜨였다.

"그렇군요. 저, 송구스럽지만 기왕 말 나온 김에 부장님께서 좀 알려주시면 안 될까요?"

"그게 딱히 정해져 있는 건 아닌데, 차근차근 이야기하자면 골프에 필요한 몸 상태를 만들기 위해서는 세 가지를 길러야 해요. 유연성, 근력, 지구력이죠. 골프 스윙은 그 세 개의 기둥 위에 지어진 집과 같다는 게 사부님의 지론이에요. 그중 유연성을 기르기 위해 스트레칭이 필요한 거죠. 매일같이 연습하는 프로 선수들도 끊임없이 몸을 유연하게 유지하려고 노력하는데 하물며 우리 같은 아마추어라면 더욱 신경을 써야죠."

"저도 매일 연습을 하긴 하는데…."

이윤아 부장이 살짝 실소를 흘리며 이야기했다.

"하루에도 몇 시간씩 연습하는 프로 선수들과 연습이라고 해봐야 한두 시간이 고작인 아마추어들의 연습량은 천지 차이예요."

그제야 홍 대리는 이해가 된다는 듯 고개를 끄덕였다.

"비거리를 늘린다면서 죽어라 근력 운동만 하는 사람들이 많은데 그건 정말 어리석은 일이에요. 홍 대리도 이제 잘 알겠지만, 골프 스윙은 내 힘으로 하는 게 아니라 클럽의 무게와 회전력을 이용하는 거잖아요? 그 힘들이 극대화되기 위해서는 당연히 몸이 유연해야겠죠. 녹이 슬어 삐걱거리는 그네와 기름칠이 잘 된 그네와의 차이를 떠올리면 이해가 쉬울 거예요. 녹슨 그네처럼 되지 않으려면 꾸준히 스트레칭을 해줘야 하는 거죠."

"부장님, 유연성이 골프에서 중요하다는 게 이해되기는 하지만 근력도 강해지면 금상첨화 아닌가요?"

"다시 한번 말하지만, 골프 스윙은 내 힘으로 하는 게 아녜요. 하지만 클럽을 놓치지 않고 휘두를 수 있을 만큼 견디는 근력이 있어야죠. 사부님이 말씀하시길 관절력이 필요하다셨어요."

"관절력이요? 처음 들어보는 말인데….”

"하하하. 의학적인 용어가 아니라 사부님이 만드신 개념이에요. 클럽의 스피드가 늘어나면 헤드의 무게감은 기하급수적으로 늘어나게 되죠. 그 엄청난 무게를 견디는 힘이 필요하고, 그것은 팔을 누군가가 잡아 뽑는 것을 견뎌내는 것과 비슷한 상황인 거죠. 그런데 사람의 뼈는 인대로 연결되어 있고 그것을 근육이 감싸고 있잖아요. 관절이 견디는 힘을 강화한다는 것은 관절을 감싸고 있는 근육을 강화한다는 것과 같은 이야기죠. 사부님은 남자가 200m 정도를 보내는 것까지는 평소의 관절력으로 충분하다고 하셨어요. 남자의 경우에 팔굽혀펴기 서른 번 정도? 비거리를 더 늘릴 수 있다면 철봉을 다섯 번 정도 할 수 있으면 된대요."

"당장 제 목표가 200m 정도니 굳이 근력에 시간을 할애할 필요는 없겠군요."

"흠, 그래도 악력 운동은 따로 하면 좋아요. 다른 곳보다는 손아귀의 힘이 직접 영향을 미치니까요."

"악력 운동만큼은 따로 시간을 내서 하겠습니다."

"따로 시간을 낼 필요까지는…. 저는 운전석 옆에 악력기와 고무공을 놓고 운전하면서 틈틈이 해요. 홍 대리는 가방에 악력 연습기를 넣고 다니면서 이동 중에 잠깐씩 하면 좋을 거예요. 덧붙이자면 골프에서는 상체보다 스윙에 가속을 줘야 하는 하체의 힘이 더 중요하죠. 하지만 그 하체 근력도 벽에 등을 일자로 붙이고 무릎을 90도로 구부린 채 60초 정도 견딜 수 있는 정도면 충분해요. 요컨대 웬만한 사람은 골프에 필요한 근력쯤은 다 갖추고 있어요. 다만 반복적인 연습을 통해서 그 힘을 골프에 맞게 사용하는 법을 배우지 못했을 따름이죠."

"하지만 사부님은 하체 운동 삼아 산에 자주 올라가라고 하시던데…."

"흠, 아마도 그건 하체 근력 자체보다는 지구력을 키우라는 의미일 거예요. 골프를 하는 사람들이 가장 간과하기 쉬운 게 바로 지구력이거든요. 골프는 유독 시간이 많이 드는 운동이죠. 열여덟 개나 되는 홀을 돌다 보면 서너 시간은 훌쩍 지나가니까요. 초반 홀에서 제아무리 좋은 스코어를 냈더라도 지구력 부족으로 체력이 저하되면 결국 좋은 경기 결과를 기대하기는 어렵죠."

"아…."

돌이켜보니 아닌 게 아니라 홍 대리는 대개의 라운드에서 중반 홀을 지나 후반으로 갈수록 스코어가 악화하곤 했었다.

"게리 플레이어라는 유명한 골퍼가 말하길, 18홀을 무리 없이 돌기 위해서는 남자의 경우 2.8km를 11분 안에 주파할 수 있어야 한대요. 그런데 사실 그게 말이 쉽지, 일반 직장인들은 사무실에서 주야장천 앉아 있고, 어딜 가도 대개 차로 이동하니까 제 발로 걸을 일이 없다시피 하니 그 거리를 완주하는 것 자체가 힘들어요. 그러니 등산 같은 운동으로 지구력을 키워야 하는 거죠."

홍 대리가 얕은 한숨을 내쉬며 말했다.

"휴, 막상 보기 플레이어가 되려고 마음먹고 나니 신경 써야 할 것이 생각보다 많네요."

"처음에는 좀 귀찮고 힘들어도 일단 습관이 몸에 배면 그리 어렵지 않아요. 딱히 골프가 아니더라도 다 몸에 좋은 건데요, 뭐. 어쨌든 지금 단계에서 중요한 건 스윙 연습과 더불어 골프에 적합한 몸 상태를 만들기 위한 노력을 병행하는 거예요."

홍 대리는 오늘 이윤아 부장에게 전해 들은 이야기를 통해 골프 실력이 단지 골프 연습만으로 향상되는 게 아니란 것을 깨달았다. 그리고 골프가 생활의 일부가 되어야 한다는 김헌 사부의 가르침을 한결 더 가슴 깊이 새겼다.

"잘 부탁드립니다. 연우식이라고 합니다."

"아, 네. 잘 부탁드려요."

홍 대리는 당황스러운 표정으로 명함을 교환했다. 지난번 계약이 성사된 지하철역 공사 납품 건으로 대신건설을 찾았는데 윤서진이 앉아 있어야 할 자리에 처음 보는 직원이 앉아 있었다.

"윤서진 씨가 총무부로 부서를 이동하셔서 제가 앞으로 자재납품 업무를 담당하게 되었습니다."

홍 대리는 애써 밝은 표정으로 인사를 나누었지만 갑작스러운 상황에 어안이 벙벙했다.

홍 대리가 대신건설 건물을 나오는 길에 자초지종을 묻기 위해 핸드폰으로 윤서진에게 전화를 걸려는 순간 누군가 그의 이름을 불렀다.

"어이, 홍 대리!"

뒤를 돌아보자 서영규가 다가오고 있었다.

●

낮의 한강은 한산했다. 서영규는 잠깐 이야기 좀 하자며 홍 대리를 대신건설 인근 한강 둔치로 데리고 갔다.

"앞으로 어쩔 셈이냐?"

서영규가 다짜고짜 물었다.

"뭘 말이냐?"

"참 내, 지금 대신건설 들렀다가 오면서도 상황 파악이 안 돼? 너 때문에 서진이가 곤란해지고 있잖아."

"그, 그게 무슨….."

서영규가 어이없다는 표정으로 말을 이었다.

"윤길성 이사님이 너랑 더는 마주치지도 말라고 서진이를 총무부로 보낸 거란 말이야."

"그럼 윤길성 이사님이 벌써 나랑 서진 씨 관계를….."

"그래."

홍 대리는 덜컥 가슴이 내려앉았다. 철강인 골프 대회에 참가해 좋은 성적을 거두고 난 후 당당하게 윤서진과의 관계를 밝히려고 했던 계획이 수포가 되었기 때문이다.

"홍 대리, 그러니까 서진이를 위해서라도 그만 포기해라. 우리 아버지와 윤길성 이사님과는 이미 이야기가 정리됐어. 서진이가 마음을 돌리는 일만 남은 거지."

머릿속이 복잡해진 홍 대리는 아무 대답 없이 고개를 숙이고 발끝을 내려다보았다.

"서진이는 지금까지 자기 목표를 향해 달려온 사람이야. 실무를 배우려고 현장 말단에서 일하고 있지만, 어릴 때 일찌감치 아버지보다 더 훌륭한 전문 경영인이 되려고 마음먹고 유학까지 다녀온 인재란 말이지. 너와는 달라도 한참 다르지."

홍 대리는 서영규의 말을 묵묵히 들었다. 그러고도 한참을 더 침묵을 지킨 후에야 찬찬히 고개를 들며 비로소 입을 열었다.

"서영규, 너 잊었나 본데…."

서영규가 홍 대리의 얼굴을 빤히 바라보았다.

"한영철강에서 너보다 먼저 승진을 한 것도 나고, 대신건설 입찰 경쟁에서 이긴 것도 나야. 지금 네가 집안 배경만 믿고 나한테 이런 이야기를 하는 거라면 정작 반성해야 할 건 바로 너야. 서진이를 포기해야 할 것도 너고."

순간 서영규의 얼굴이 붉으락푸르락 달아올랐다.

"난 자신 있다. 서진 씨에게도 윤길성 이사님에게도 떳떳한 사람이 되고 말 테니 너도 이럴 시간 있으면 네 앞가림이나 잘해라."

"뭐, 뭐라고?"

그러고는 발길을 돌려 걸어가는 홍 대리의 등을 향해 서영규가 소리쳤다.

"야, 홍 대리! 요즘 일 좀 풀린다고 아주 기고만장해 있는 모양인데, 해서 되는 일이 있고 안 되는 일이 있는 거야. 어디 네 맘대로 해보라고!"

그리고 사무실로 돌아오는 길, 지하철 안에서 홍 대리는 생각했다.

'그래, 윤길성 이사님이 아셨다고 해서 달라질 건 없어. 내가 당당해지면 되는 거야!'

이렇게 이윤아 부장에게 약속한 석 달의 시간 중 보름이 흘러갔다.

<김사부의 원 포인트 레슨>

1. 석 달 안에 보기 플레이어가 되려면?

18홀을 도는 동안 각 홀 평균 1타를 더 쳐 90타 수준에 이른 골퍼를 보기 플레이어라고 한다. 그리고 이는 아마추어 골퍼 수준에서는 골프의 목표가 될 정도로 상당한 수준의 실력이다. 그런데 보기 플레이어가 되고자 하는 사람 대부분이 무작정 비거리부터 늘리려 하곤 한다. 하지만 비거리는 단기간에 욕심만 부린다고 절대 늘지 않으며, 비거리만 늘린다고 해서 곧장 스코어가 향상되지도 않는다. 보기 플레이어가 되기 위해서는 결국 그만큼 골프에 더 많은 시간과 노력을 기울여야 한다.

○ **석 달 만에 보기 플레이어가 되기 위한 연습 및 가이드라인**

__ 하루에 빈 스윙 500번(풀 스윙 300번 + 숏게임 스윙 100번 + 퍼팅 100번)

__ 일주일에 두 번 이상 스크린골프

__ 한 달에 두 번 이상 필드에서 실전 라운드

__ 드라이버 비거리 200m, 7번 아이언 120m

__ 퍼팅은 두 번 만에 홀 아웃

2. 내 삶에 골프를 뿌리내려라

프로 골퍼가 아닌 이상 연습량을 늘리는 데는 한계가 있다. 하지만 연습할 때가 아니어도 늘 골프를 염두에 두고 있다 보면 일상의 요소요소에서 골프에 도움이 될 만한 나름의 방법을 찾을 수 있다. 생활 패턴이 모두 제각각이기 때문에 딱 정해져 있는 것은 아니지만 다음과 같은 방법들을 추천한다.

○ 골프에 도움이 되는 생활 속 연습법

__ **가벼운 등산 혹은 산책**: 골프는 하체 중심의 운동이므로 하체 근력 향상에 큰 도움이 된다. 버스 한 정거장 미리 내려서 걷기.

__ **108배**: 신체 각 부분을 골고루 사용하는 전신 운동인 데다 단전호흡이 저절로 이루어져서 기의 순환을 원활하게 한다. 더불어 자신을 낮추는 자세를 취하게 되므로 겸손한 마음가짐을 갖게 된다.

__ **텔레비전이나 유튜브 보면서 빈 스윙 연습하기**: 빈 스윙은 같은 동작을 반복해야 하므로 자칫 지루해질 수 있지만, 텔레비전이나 유튜브를 보면서 하면 따로 시간을 내지 않고도 필요 연습량을 채울 수 있다.

__ **스쿼트 자세로 핸드폰이나 PC 보기**: 핸드폰을 들여다보고 있는 시간이 점차 많아지는데, 가능하면 스쿼트 자세를 유지한 채 검색을 하든 게임을 한다.

__ **버스나 지하철을 기다릴 때 체중 이동 연습하기**: 대중교통을 이용하다 보면 가만히 서 있을 기회가 생기곤 하는데 이때 하체만 이용해 체중 이동 연습을 하면 스윙감을 익히는 데 큰 도움이 된다. 엘리베이터를 기다리거나 혼자 탔을 때 스윙 연습을 한다. 엘리베이터는 거울이 있어 연습에 좋다.

3. 스윙의 3요소 - 유연성, 근력, 지구력

골프에 필요한 핵심적 신체 조건은 유연성, 근력, 지구력이다. 골프 스윙은 그 세 가지 기둥으로 지어진 집과 같다.

○ 유연성

골프 스윙은 클럽의 무게와 회전력을 이용하는 것이다. 따라서 골프에 쓰이는 각 관절과 근육이 유연해야 그 힘을 극대화할 수 있다. 특히 어깨와 고관절의 유연성에 신경을 써야 한다.

○ 근력

골프에 있어 필요한 근력은 사실상 클럽을 놓치지 않고 휘두를 수 있을 정도면 충분하다. 다만 헤드스피드가 늘어나면서 각 부분의 관절에 가해지는 압력은 기하급수적으로 늘어난다. 200m 정도를 보내는 것이야 보통의 남자들에게는 평소의 체력으로 하면 되고, 악력 연습만 좀 하면 될 일이지만 그 이상의 거리를 보내려 할 때는 상당한 정도의 관절력이 필요하다.

○ 지구력

골프는 짧게는 서너 시간에서 길게는 예닐곱 시간에 걸쳐 열여덟 개나 되는 홀을 돌아야 하는 긴 게임이다. 따라서 등산 등을 통해 기초 체력을 다져두면 큰 도움이 된다.

PART 3

고수의 습관,
프리 샷 루틴

스윙의 완성은
집중과 몰입이다

－사악… 딱! 픽!

퇴근 뒤 곧장 행복골프학교에 온 홍 대리는 간단히 몸을 푼 다음 한 시간째 타석에서 스윙 연습을 하고 있었다. 남은 시간 안에 보기 플레이어가 되기 위해선 한시도 허투루 낭비할 수 없었다. 그 뒤편에서는 김헌 사부가 박 교장과 장기를 두며 이따금 홍 대리를 힐끔힐끔 쳐다봤다.

"쯧쯧, 아직 멀었어."

김헌 사부가 혼잣말하듯 그렇게 이야기하자 박 교장이 응수했다.

"뭘, 내가 보기에 잘만 하는 것 같은데."

둘의 대화를 들었는지 홍 대리가 스윙을 멈추고 클럽을 내려놓으며 말했다.

"휴. 박 교장님, 사부님 말이 맞아요. 보기 플레이어가 되려면 아직 한참 멀었죠."

"아이고, 홍 대리가 우리 이야기를 다 들은 모양이네그려. 미안허이."

박 교장이 무안해하자 김헌 사부가 오히려 발끈했다.

"미안하긴 뭐가 미안해? 저 모양이니까 한참 멀었다는 건데."

"사부님, 그게 무슨 말씀이신지…?"

김헌 사부는 홍 대리의 질문에 아랑곳하지 않고 말을 이었다.

"자네, 골프에서 고수와 하수를 가르는 가장 결정적인 차이가 뭐라고 생각하나?"

"글쎄요, 결국 스윙의 차이 아닐까요? 연습을 많이 해서 스윙 실력이 좋아지면…."

"연습장에서 혼자 연습할 때는 정말 끝내주게 스윙하는데 정작 필드에 가면 헤매는 사람이 한둘이 아니야. 그럼 스윙만 잘한다고 해서 고수라고 할 수는 없겠지."

"그럼…."

"집중과 몰입의 정도가 다른 게야. 고수는 머릿속에 있는 모든 잡념을 끊어버리고 스윙하는 그 순간에 집중하지만, 하수들은 이 런저런 생각에 마음이 흔들리지. 아까 자네처럼 말이야."

"네?"

"스윙하면서 우리가 소곤소곤 속삭이는 이야기까지 다 신경을 썼잖아. 그런 집중력으로는 결코 제대로 된 스윙을 하지 못해."

김헌 사부는 그러면서 홍 대리에게 다가와 옆에 놓여 있던 클럽을 집어 들었다.

"자네, 군대 다녀왔다고 그랬지? 그럼 사격도 좀 해봤겠군그래."

"네? 뭐, 남들 하는 만큼은…."

"사격장에 가면 그곳에 들어서자마자 조교들이 말도 험하게 하고 얼차려도 시키고 그러잖나. 그만큼 긴장하고 정신을 똑바로 차리라는 거지. 그래야 혹시 모를 사고도 예방되고 사격 점수도 좋아지거든. 골프에서도 마찬가질세. 클럽을 쥐고 필드에 들어서는 그 순간부터 게임에 집중하고 몰입해야 하네."

옆에서 이야기를 듣고 있던 박 교장이 끼어들었다.

"그럼 18홀을 모두 도는 동안 오로지 게임 생각만 하란 말인가? 에이, 그건 좀 지나친 것 같은데."

"골프로 밥 벌어 먹고사는 프로 선수들은 정말 그렇게 해야 해. 하지만 홍 대리나 자네 같이 취미로 골프 하는 사람이 그럴 수야 없지. 하지만 적어도 한 타, 한 타 스윙할 때만큼은 프로가 된 것처럼 '프리 샷 루틴'을 통해 온 정신을 집중해야 해."

"프리 샷 루틴이요?"

"그래, 프리 샷 루틴. 내가 아직 그 이야기를 해주지 않았던가?"

"네, 처음 듣는 이야기입니다만…."

"어이쿠, 네가 중요한 걸 깜빡하고 있었구먼그래. 자, 말 나온

김에 제대로 알려줌세."

김헌 사부는 게임 모드를 선택했고, 스크린에는 실제 골프장 코스와 똑같은 모양의 화면이 펼쳐졌다.

"자네가 먼저 하게."

"네."

홍 대리는 클럽 거치대에서 드라이버를 꺼내 들고 타석에 서서 길게 심호흡을 한 뒤 스윙을 했다. 경쾌한 소리와 함께 화면 속 골프공이 필드를 향해 날아가기는 했지만, 사부가 보고 있다는 생각에 긴장해서 힘이 좀 들어갔는지 방향이 틀어져 결국 공은 러프에 떨어지고 말았다.

"에구, 제가 좀 긴장했었나 봅니다."

"내 눈치를 보느라 몰입을 못 한 게지."

김헌 사부가 홍 대리에게서 드라이버를 건네받으며 말을 이었다.

"자, 이렇게 클럽을 골라 손에 쥐는 순간부터 집중과 몰입이 시작되어야 하네."

숨을 깊게 내쉬고 들이쉬길 반복하며 타석에 들어선 사부는 공이 놓인 곳에서 조금 뒤로 물러선 자리에서 클럽을 살짝 앞뒤로 흔들고는 빈 스윙을 한 번 했다. 그리고 실제 공이 놓인 곳에 맞추어 셋업을 취한 후 비로소 샷을 했다.

- 딱!

골프 천재가 된 홍 대리 2

강한 타격음과 함께 허공을 가른 공은 쭉쭉 날아가 페어웨이 한가운데 떨어졌다. 비거리도, 위치도 홍 대리가 쳐낸 공과는 확연히 차이가 났다.

"와, 나이스 샷!"

"내가 자네 감탄하라고 지금 이러고 있는 줄 아나? 내가 오늘 뭘 가르쳐준다고 했지?"

"그야 프리 샷 루틴이란 걸…."

"그래, 내가 프리 샷 루틴 하는 걸 잘 봤냐는 말일세."

"네?"

홍 대리는 당황하지 않을 수 없었다. 좀 전에 김헌 사부의 스윙 모습은 이전에 보아왔던 것과 전혀 다른 바가 없었기 때문이다.

"프리 샷 루틴pre-shot routine이란, 샷을 할 때면 늘 거쳐야 하는 일련의 준비 과정을 일컫는 말일세. 나는 분명 조금 전, 스윙하기 전에 그 프리 샷 루틴 과정을 거쳤지."

"사부님, 죄송하지만 좀 더 구체적으로 말씀해주실 순 없을까요? 아무래도 그냥 눈으로 봐서는 잘 모르겠습니다."

사부가 드라이버를 클럽 거치대에 걸쳐 놓으며 말했다.

"가장 큰 차이는 바로 마음가짐에 있네. 자네는 내게 멋지게 스윙하는 모습을 보여주려는 욕심으로 가득 차 있었고, 나는 오로지 내 스윙에만 집중했네. 그 결과가 저렇게 드러난 거지. 내 차례가 돌아오면 일단 온 정신을 스윙에 집중하겠다는 마음가짐을 가져야 해. 그리고 그걸 실천에 옮기는 방법이 바로 프리 샷 루틴이지."

김헌 사부는 그러면서 타석으로 들어섰다.

"프리 샷 루틴에 있어 첫 번째 과정은 클럽을 선택해 집어 들고 자리로 이동하는 걸세. 이때부터는 다른 모든 생각을 버리고 스윙에만 집중해야 해. 서두르지 말고 천천히 평소보다 느린 걸음으로 공 칠 자리로 걸어가면서 심호흡을 하며 몸과 마음을 가다듬는 거야. 슬로우 모션으로 움직인다고 생각하는 것도 좋아. 자네 차례긴 하지만 내 다시 한번 차근차근 루틴의 과정을 보여줌세. 흠, 이 정도 거리면 페어웨이우드가 적당하겠구먼."

김헌 사부는 클럽 거치대에서 페어웨이우드를 꺼내 들며 말을 이어갔다.

"그리고 두 번째, 공이 놓인 자리에서 10cm에서 15cm 정도 뒤로 물러나 가상의 공을 기준으로 셋업을 하게."

"진짜 샷 전에 빈 스윙을 하기 위해 셋업을 하는 거군요."

김헌 사부는 클럽 헤드를 공에서 뒤로 조금 떨어진 곳에 내려놓고 자세를 취하며 대답했다.

"그렇지. 하지만 빈 스윙을 바로 하는 게 아니라 세 번째 단계인 웨글을 해야 하네. 손목을 흔들면서 긴장을 풀어 채찍질하기 좋은 몸의 상태를 만들고, 클럽페이스와 공이 정확히 맞도록 조준을 하는 거지."

홍 대리는 하나라도 놓칠세라 김헌 사부의 동작을 꼼꼼히 살

폈다.

"그렇게 클럽이 지날 경로를 점검했으면 네 번째는, 빈 스윙!"

– 부웅…

"이때 빈 스윙의 가장 큰 목적은 소리를 확인하는 걸세. 소리가 제대로 나지 않으면 아직 스윙할 준비가 되어있지 않은 거니까 몸 상태를 점검하고 다시 빈 스윙을 해야 하네. 그리고 또 한 가지 중요한 것은 빈 스윙으로 날린 가상의 공이 멋지게 날아가는 모습을 상상해야 한다는 거야. 그 이미지를 머릿속에 그림으로써 실제로 공을 쳐 낼 때 스스로에 대해 확신을 하게 되지."

"네, 하지만 실제 필드에 나가면 일행이나 캐디에게 눈치가 보여 그런 걸 다 챙길 여유가 없을 것 같은데…."

"말로 일일이 설명하니까 길게 느껴질지 모르겠네만 사실 1~2초 정도밖에 걸리지 않아. 어디 아까 내가 드라이버 샷을 할 때 시간이 오래 걸리던가?"

그러고 보니 홍 대리는 아까 사부가 드라이버 샷을 할 때 프리 샷 루틴 과정을 거쳤다는 것조차 눈치채지 못했다.

"빈 스윙을 한 후에는 실제 공의 위치에 맞추어 같은 과정을 반복하면 되네. 그럼 프리 샷 루틴은 총 여덟 단계가 되지. 단, 중요한 것은 절대 서둘러서는 안 되지만 그렇다고 너무 느긋해도 안 된다는 거야."

"그건 또 왜…?"

골프 천재가 된 홍 대리 2

"실제 스윙은 빈 스윙의 카피여야 하기 때문이지. 빈 스윙을 통해 정리한 스윙 동작 그대로 샷을 해야 해. 그런데 너무 서두르거나 시간을 끌면 빈 스윙 때 한 동작을 잊게 되는 거지."

▶ 집중과 몰입
프리샷 루틴

"아, 그렇겠군요."

김사부는 그러고는 다시 한번 빈 스윙을 했고 다시 셋업을 한 후 곧장 공을 쳐 냈다. 이번 페어웨이우드 샷으로 공은 그린에 올랐다.

"와!"

"반복 연습을 통해 스윙 동작의 완성도를 높이는 것도 중요하지만 샷의 성패를 좌우하는 것은 결국 스윙하는 사람의 마음 상태야. 연습할 때든 실제 라운드를 할 때든 프리 샷 루틴을 절대 잊어서는 안 되네."

"네, 명심하겠습니다."

파워 업이 아니라 스피드 업이다

"와, 자네 어떻게 된 거야?"

오늘 홍 대리는 한 달 전쯤 라운드를 함께했던 미성건설 김기범 부장과 다시 필드에 나왔다. 그는 여덟 번째 홀 티샷을 하고 내려오는 홍 대리를 바라보며 감탄해 마지않았다. 홍 대리의 드라이버 샷 비거리가 지난번보다 확연히 늘었기 때문이었다.

"오늘 운이 좀 좋은 모양이네요, 하하."

"에이, 한두 번쯤이야 운으로 잘 칠 수 있다지만 오늘 친 드라이버 샷은 모두 200m를 가뿐히 넘겼잖아. 그러지 말고 솔직히 털어놔 보라고. 필드 레슨이라도 받은 거야?"

"필드 레슨이요?"

필드 레슨이란 레슨 프로와 함께 필드에 함께 나가서 스윙, 샷,

골프 천재가 된 홍 대리 2

게임 운영 등을 배우는 것을 말한다. 레슨비뿐 아니라 코치의 그린 피까지 전액을 부담해야 해서 일반 레슨에 비해 비용이 많이 든다.

"그렇지 않고서야 이렇게 금세 실력이 늘 리가 없잖아."

김기범 부장의 집요한 질문에 홍 대리가 웃으며 응수했다.

"필드 레슨이야 늘 받고 있죠. 지금도 받고 있지 않습니까?"

"뭐? 그게 무슨 말인가?"

"저 같은 하수한테야 부장님처럼 구력 많은 골프 선배님들이 다 레슨 프로고 코치죠, 하하!"

홍 대리의 넉살에 김기범 부장은 살짝 미소를 띠기는 했지만, 궁금증이 가시지는 않는 모양이었다.

"이 친구야, 그러지 말고 말 좀 해봐."

"휴, 말씀드릴 게 별로 없는데…. 비거리야 컨디션 따라 평소보다 잘 나오기도 하잖아요."

"내가 지금 비거리 몇 미터 더 나온다고 이러는 게 아니지 않나? 스윙 자체가 눈에 띄게 달라졌대도."

"네? 어디가 그렇게…?"

"무엇보다 힘이 빠졌어. 좋은 샷을 만들기 위해서는 스윙을 할 때 몸에서 힘을 빼야 하는데 그게 말처럼 쉽지가 않거든. '힘 빼기 3년'이란 말이 있을 정도지. 그런데 골프 시작한 지 이제 고작 3개월 된 자네 스윙이 그러니 내가 놀라지 않고 배기겠나?"

"사실은 그게…,"

홍 대리는 뒷머리를 긁적이며 며칠 전의 기억을 떠올렸다.

●

그날도 홍 대리는 평소와 다름없이 퇴근 후 골프학교에서 스윙 연습을 하고 있었다. 그리고 그 뒤편에서는 김헌 사부가 홍 대리의 스윙 모습을 지켜보고 있었다.

－딱… 퍽! 딱… 퍼억!

그런데 연습을 시작하기 전에 스트레칭도 하고 프리 샷 루틴에도 각별한 주의를 기울였지만 홍 대리의 스윙은 이전보다 딱히 더 나아진 게 없었다. 무엇보다 공이 표적 막에 맞는 강도에 별 차이가 없었다. 그럼 결국 비거리도 늘지 않을 터였다.

한참을 말이 없던 김헌 사부가 뭔가 답답한 듯 눈살을 찌푸리며 입을 열었다.

"기껏 스트레칭을 하고 프리 샷 루틴 거치면 뭐하나? 막상 공을 칠 때는 그렇게 힘이 잔뜩 들어가는데 말이야. 골프 스윙은 내 힘으로 하는 게 아니라고 몇 번을 말해도, 쯧쯧."

"그래도 비거리를 늘리려면 아무래도 더 세게 쳐야 할 것 같아서…."

"말로 해서 안 되니 어쩔 수 없지. 자, 따라 나오게. 현관 신발장 안에 보면 모래주머니 두 짝 있으니까 챙기고."

"네? 갑자기 어딜…. 게다가 모래주머니는 왜…?"

"따라와 보면 알아."

"헉헉…."

홍 대리는 가쁜 숨을 몰아쉬느라 입을 벌린 채 지친 기색이 역력한 얼굴로 뒤를 돌아봤다.

"이 친구, 이젠 아예 걷는구먼. 어서 뛰래도!"

자전거를 타고 뒤따라오던 김사부가 채근했다. 홍 대리는 양 팔목과 발목에 모래주머니를 한 채 한 시간 가까이 해가 뉘엿뉘엿한 공원 운동장을 달리고 있었다.

"후, 사부님. 이유라도 좀 알고 뛰면 안 될까요?"

"자, 그럼 이제 한 바퀴만 더 돌면 내 알려주지."

하는 수 없이 운동장을 한 바퀴를 더 돈 홍 대리는 다리가 풀려 그만 자리에 주저앉고 말았다.

"헉헉, 사부님, 이제 알려주셔야죠."

"원, 젊은 친구가 이렇게 힘이 없어서야. 자, 어서 일어나 따라오게."

"네? 또 어딜 가나요? 아직 이유도 알려주시지 않았는데…."

"내가 말해주지 않아도 곧 스스로 알게 될 걸세."

다시 학교로 돌아온 후 김헌 사부가 홍 대리에게 물었다.

"자네 클럽별 비거리는 알고 있겠지?"

"네, 대략 파악하고 있습니다."

"그럼 드라이버부터 해볼까?"

사부는 클럽 거치대에서 드라이버를 꺼내 들어 홍 대리에게 건넸다.

"아, 사부님, 잠깐만 쉬었다 하면 안 될까요? 아까 하도 뛰어서 클럽을 들어 올릴 힘도 없을 것 같아요."

아닌 게 아니라 홍 대리는 아직도 땀을 흘리고 있었고, 어깨도 축 처져 있었다.

"허어, 잔말 말고!"

홍 대리는 결국 마지못해 김헌 사부로부터 드라이버를 받아 들었다.

"자네 스윙이야 내 뻔히 아니 욕심내지 말고 차분하게 평소 하던 대로만 하게."

지칠 대로 지쳐 차분하지 않으려야 않을 수 없었던 홍 대리는 심호흡을 하며 천천히 타석으로 발걸음을 옮겼다. 그리고 오토 티업기에서 올라온 공을 바라보며 조금 물러서서 빈 스윙을 한 번 했다. 팔에 힘이 들어가지 않아 클럽을 휘두를 수나 있을까 걱정했는데 다행히 붕 소리를 내며 깔끔하게 빈 스윙이 이루어졌다. 그리고 곧장 진짜 공에 맞추어 다시 셋업을 한 후 클럽을 들어 올려 백스윙을 했다.

－부웅… 따악!

"어?"

평소보다 확연히 강한 타격음에 놀란 홍 대리는 스크린으로 눈을 돌렸다. 쭉 날아간 공은 홍 대리의 평균 드라이버 비거리인 180m를 넘기고서도 계속해서 허공을 가로질렀다. 그리고 잠시 후 마침내 공이 땅에 떨어졌고 곧 화면에 거리가 표시되었다.

－193m

"와!"

홍 대리는 믿기지 않는다는 표정으로 김사부를 바라봤다.

"어, 어떻게 된 걸까요? 완전히 녹초인 상태로 한 스윙이었는 데…."

"허허, 놀라긴. 다시 한번 해보게."

홍 대리는 몇 차례 더 드라이버 샷을 해보았는데 매번 평소보 다 10~20m씩 더 멀리 나갔다.

"골프 스윙에서 힘 빼는 게 중요하다는 말을 많이 들어봤을 걸 세. 그런데 그걸 왜 그렇게 강조하는지 알고 있나?"

"그야, 몸의 긴장이 풀려야 자연스러운 스윙이 나오니까 그런 것 아닌가요?"

"그렇지, 프리 샷 루틴이 바로 그것을 위한 실천 과정이고 말이 야. 하지만 더 실질적인 이유는 비거리를 늘리기 위해서일세."

"비거리요?"

홍 대리는 비거리라는 말에 눈이 번쩍 뜨였다.

"좀 더 정확하게 말하면 클럽 헤드가 궤도를 지나며 공에 맞을 때의 속력, 즉 헤드 스피드를 늘리기 위해서지. 비거리는 그 헤드 스피드에 의해 결정되는 거거든. 자네, 학교 다닐 때 배운 운동 에너지 법칙을 떠올리면 쉽게 이해될 걸세."

홍 대리는 가물가물하게나마 운동하는 물체의 에너지는 질량과 속도에 의해 결정된다는 것을 배운 기억이 났다. 클럽 헤드의 무게는 변하지 않으므로 결국 속도 증가에 따라 공에 가해지는 힘도 늘어날 터였다. 하지만 그렇다고 해도 의문이 완전히 가시지는 않았다.

"사부님, 그럼 그 스피드를 늘리려면 제가 더 세게 휘둘러야 하는 것 아닌가요?"

"자네 힘이 클럽이 원운동을 할 때 생기는 원심력보다 더 세다면 그렇게 하면 되겠지. 하지만 예전에도 말한 적이 있지만 제대로 된 스윙의 경우 클럽의 원심력과 하체의 체중 이동에 의한 가속이 만나 생기는 힘은 무려 1톤에 가까워."

"아…."

홍 대리는 처음으로 클럽을 잡고 김헌 사부에게 골프 스윙의 기본을 배울 때가 생각났다. 그러고 보니 비거리를 늘리려는 욕심이 앞서 스윙은 내 힘이 아니라 클럽 헤드의 무게에 가해지는 중력과 원심력으로 하는 것이라는 가르침을 홍 대리는 까맣게 잊고 있었다.

"그러니 비거리를 늘리기 위해 자네가 해야 할 일은 그 힘을 극대화하는 데 방해되는 요소를 줄이는 것일세. 그런데 자네가 세게 휘두른답시고 잔뜩 힘을 줘서 몸이 경직되면 오히려 헤드 스피드가 줄지 않겠나?"

"아, 그래서 아까 운동장을 뛰게 하신 거군요. 힘을 주려야 줄 수 없게 만들려고…."

"그렇지."

비거리를 늘리는 데 목말라 있던 홍 대리는 큰 깨달음을 얻은 듯 반색하며 고개를 끄덕였다. 김헌 사부가 그런 홍 대리를 바라보며 말을 이었다.

"하지만 비거리를 늘리는 데 있어 그보다 더 중요한 게 있어."

"네? 또 어떤…."

"그건 바로 마음을 비우는 거라네."

뜬금없이 마음 이야기가 나오자 홍 대리는 의아한 듯 고개를 갸웃거렸다.

"똑바로 보내야지, 멀리 보내야지 하면서 욕심을 부려서는 안 된단 말일세. 욕심의 다른 모습이 두려움일세."

"예? 두려움요?"

"그렇다네. 멀리는 보내고 싶은데 힘을 주지 않고 부드럽게 휘두르는 공이 멀리 갈까? 클럽페이스가 이렇게 움직이면 똑바로 갈까? 그런 두려움이 생기는 걸세. 욕심이 크면 그만큼 두려움도 커지는 거지. 결국, 그런 두려움이 손과 팔에 불필요한 힘을 들어가게 만드는 게지. 자네 빨래 터는 동작을 한번 해보게."

"이렇게요?"

홍 대리는 머리 위로 손을 올렸다가 손수건을 터는 것 같은 동작을 한다.

"그래, 잘 하네. 그럼 이번에는 망치질을 한번 해보게. 진짜 못을 박듯."

"이렇게요?"

홍 대리는 오른손에 망치를 들고 못을 박는 동작을 보여준다.

"그래, 잘했어. 두 가지 동작이 완전히 다르다는 것이 느껴지는가?"

"예, 확연히 다릅니다. 손수건을 털면 손가락 끝에 피가 몰리는 듯 팔이 쫙 펴지고요. 망치질하면 근육이 뭉치는 듯 수축합니다."

"그렇네. 두 가지 동작은 어쩌면 완전히 다른 반대편의 운동인데 욕심이 두려움으로 바뀌면 내내 잘 털고 있다가도 동작이 망치질로 바뀌어버리네."

"자네 필드에서 빈 스윙은 멋지게 하고 실제 샷은 빈 스윙을 왜 했나 싶게 하는 사람 많이 봤지?"

"하하하. 예, 많이 봤습니다."

"그런 기기묘묘한 샷을 하는 이유가 바로 채찍질, 수건 털기 같은 동작으로는 절대 원하는 만큼 안 갈 것이라는 두려움 때문이네. 이것이 프리 샷 루틴을 꼭 해야 하는 또 한 가지 이유라네. 프리 샷 루틴은 단지 몸 상태를 가다듬기 위한 게 아니라 망치질이 아니라 채찍질을 하도록 두려운 마음을 다스리는 과정이기도 하거든."

"아…."

홍 대리는 예전에 김헌 사부에게 배운 '스윙과 샷은 별개다'라는 메시지를 떠올리지 않을 수 없었다.

'스윙은 그저 클럽을 휘두르는 동작일 뿐이지. 샷은 공을 치는 것을 말하는 거고 말이야. 그중 자네가 집중해야 하는 건 스윙이라네. 단지 그 궤도 안에 공이 있다가 재수 없이 클럽에 맞아 샷이 되는 것뿐이지. 그래서 빈 스윙 연습을 많이 해서 클럽의 궤도를 일관성 있게 만드는 게 중요한 거야. 눈 감고 휘둘러도 공이 맞을 수 있도록 말이야.'

"지금 단계에서 신경 써야 할 것이 있다면 그건 스위트 스팟 sweet spot 에 정확히 공을 맞히는 것 정도일세."

"스위트 스팟이요?"

김헌 사부는 곁에 놓여 있던 드라이버를 거꾸로 들어 클럽페이스의 가운데 부분을 가리켰다.

"이 정중앙, 100원짜리 동전만 한 면적이 스

▶ 비거리에 대하여

위트 스팟인데 여기에 맞느냐 아니냐에 따라 비거리가 20% 가까이 차이가 나거든."

"아, 그렇군요."

●

"이 친구야, 무슨 생각을 그렇게 하는 거야? 묻는 건 가르쳐주지도 않고 말이야."

잠시 회상에 빠져 있던 홍 대리에게 김기범 부장이 채근했다.

"아, 죄송합니다. 그런데 정말 별달리 말씀드릴 게 없네요. 그저 요즘에 좀 욕심이 생겨서 아침저녁으로 스윙 연습을 조금씩 더 할 뿐인 걸요."

"흠, 그래?"

홍 대리는 결국 김기범 부장에게 그렇게 둘러댈 수밖에 없었다. 김헌 사부를 소개해줘서 혹여 마흔을 훌쩍 넘긴 김기범 부장이 모래주머니를 달고 운동장 뺑뺑이를 돌기라도 했다가는 오히려 원망만 들을 게 뻔했기 때문이다.

어쨌든 홍 대리는 오늘 라운드를 통해 스윙에 있어 힘을 빼는 것의 중요성을 실감했고, 보기 플레이어에 한 걸음 더 다가갔다는 확신을 가질 수 있었다.

<김사부의 원 포인트 레슨>

1. 프로처럼 '프리 샷 루틴'하라

프로와 아마추어의 결정적 차이는 스윙 실력보다는 결국 집중과 몰입의 정도다. 프로 선수처럼 라운드하는 내내 게임 생각만 할 수는 없지만 적어도 한 타, 한 타 스윙할 때만큼은 프로가 된 것처럼 '프리 샷 루틴'을 통해 온 정신을 집중해야 한다.

○ 프리 샷 루틴의 8단계

__ **첫 번째:** 샷에 필요한 정보를 수집하고, 정보에 근거해서 클럽을 선택해 집어 들고 자리로 이동. 이때부터는 다른 모든 생각을 버리고 스윙에 집중. 서두르지 말고 천천히 자리로 걸어가면서 심호흡을 하며 몸과 마음을 정돈.

__ **두 번째:** 공이 놓인 자리에서 10~15cm 정도 뒤로 물러나 가상의 공을 기준으로 셋업.

__ **세 번째:** 웨글. 손목을 흔들면서 긴장을 풀고 클럽페이스와 공이 정확히 맞도록 조준.

__ **네 번째:** 빈 스윙. 휘두를 때 나는 소리 확인. 가상의 공이 멋지게 날아가는 모습 상상.

__ **다섯 번째~여덟 번째:** 빈 스윙 후 실제 공의 위치에 맞추어 앞에서 이루어진 과정 반복. 단 실제 스윙은 빈 스윙의 카피여야 하므로 빈 스윙 후 너무 지연하지 않는다.

2. 비거리는 내 힘과 비례하지 않는다

운동하는 물체의 에너지는 질량과 속도에 의해 결정되므로 비거리를 늘리기 위해서는 결국 헤드 스피드를 키우는 것이 관건이다. 공을 멀리 보내는 것은 스피드 업이지 파워 업이 아니다. 망치질할 때와 빨래를 털 때의 근육 변화를 경험해보면 근육 시스템이 완전히 다르다는 것을 느낄 수 있다. 망치질처럼 내 힘으로 더 세게 공을 때린다고 해서 멀리 가는 것이 아니라 빨래를 털 때처럼 클럽이 휘둘러질 때 생기는 원심력을 극대화함으로써 거리를 낸다. 따라서 스윙 시 사용하는 신체 각 부분을 최대한 유연한 상태로 만들어야 하므로 상체의 힘을 빼는 것이 중요하다. 상체의 힘을 빼는 것은 뺀다는 결심으로 되는 것이 아니다. 몸통의 근육을 잘 늘려주고 잘 걷는 하체와 몸통의 올바른 사용을 통해 다가설 수 있다.

PART 4

스크린골프로
게임을 읽어라

특명, 스크린골프에서 싱글을 달성하라

김헌 사부의 교습 방법은 이제껏 주로 이론과 실전의 병행으로 이루어져 왔다. 퇴근 후에는 매일같이 골프학교에서 연습했고 김헌 사부는 그때그때 필요한 조언을 해주었다. 그런데 며칠 전부터 김헌 사부는 홍 대리가 골프학교에 오면 연습보다는 곧장 게임을 하게 했다. 그것도 18홀 전체를 도는 풀 코스 게임이었다.

오늘도 홍 대리는 퇴근 후 김헌 사부와 함께 스크린골프 게임을 했고 마지막 18홀에서의 퍼팅만을 남겨두고 있었다.

– 땡그랑

스크린 속 공이 잔디를 굴러 홀 컵으로 빨려 들어갔고 화면에는 경쾌한 음악 소리와 함께 'Birdie'라는 문구가 떴다.

"와!"

스크린을 주시하고 있던 홍 대리가 주먹을 불끈 쥐며 뒤를 돌아봤다. 소파에 앉아 있던 사부가 흐뭇한 미소를 지으며 말했다.

"이제 스크린골프는 곧잘 하는구먼그래."

곧이어 화면에 표시된 홍 대리의 오늘 최종 스코어는 89타로 지금까지 스크린골프에서 거둔 성적 중 가장 높은 점수였다.

"그래 봤자 스크린골프인 걸요, 뭐."

그 말에 사부의 표정이 살짝 굳었다.

"스크린골프는 진짜 골프가 아니라고 생각하는 건가, 자네?"

김헌 사부가 정색하며 묻자 홍 대리는 당황하지 않을 수 없었다.

"아, 그런 건 아니지만 필드 골프와는 많이 다르니까요."

"뭐가 어떻게 다르다는 겐가?"

"스크린골프에서는 러프 지역이나 벙커에서도 화면만 다르지 사실 매트에서 치기는 매한가지기도 하고, 이런저런 정보들이 화면상에 표시되기도 하잖아요."

"흠, 그럼 스크린골프에서는 필드 골프보다 훨씬 더 좋은 점수를 내는 게 당연하겠군."

"아무래도…."

"좋아, 그럼 숙제를 하나 내줌세. 스크린골프에서 싱글 스코어를 내게. 자네는 보기 플레이어를 목표로 하니 그 정도는 해야 하지 않겠나?"

"네? 싱글이요?"

싱글이면 전체 홀의 규정 타수보다 더친 타수가 한 자릿수, 즉 아홉 개 이하인 경우를 지칭하므로 최소 81타를 기록해야 하는 셈이었다. 이제 막 보기 스코어를 깬 홍 대리로서는 너무나 먼일처럼 느껴질 수밖에 없었다.

"사부님, 그러려면 한참 시간이 걸릴 것 같은데…."

"홧김에 하는 말 아닐세. 보기 플레이어가 되기 위해 거쳐야 하는 과정이야. 내가 요사이 스크린골프를 중점적으로 시킨 것도 다 이유가 있어."

"그럼 그 이유부터 알려주시면 안 될까요?"

"허어, 이 친구 성미가 급하군. 숙제를 해내고 나면 스스로 깨닫게 될 테니 더 잔말 말고 계속 게임이나 하게."

김헌 사부는 한 게임 더 하라고 하고는 먼저 자리를 떴다.

"휴우."

홍 대리가 철강인 골프 대회에 나가기로 마음을 먹은 지 꼬박 한 달이 지났으니 이제 이윤아 부장과 약속한 석 달의 시간 중에 두 달밖에 남지 않은 시점이었다.

●

홍 대리는 김헌 사부가 숙제를 내준 후 일주일간 단 하루두 빼먹지 않고 스크린골프장에서 게임을 했다. 그 결과 싱글에까지 미치지는 못했지만, 다행히 하루하루 타수가 줄어 80타대 초중반까지 스코어를 낼 수 있었다.

그리고 오늘 보름 전부터 약속되어 있던 한 건설사 직원들과의 골프 미팅을 위해 필드를 찾았다. 첫 번째 홀의 티샷을 위해 타석에 자리를 잡은 홍 대리는 프리 샷 루틴을 거친 후 샷을 하기 위해 자세를 가다듬었다. 신기한 일이 벌어진 것은 이때였다.

평소 같았으면 그저 실수하지 않고 페어웨이에 공이 떨어지기만을 바랐을 홍 대리의 머릿속에 미리 챙겨 봐두었던 코스 안내도가 떠오른 것이다. 이는 마치 스크린골프장의 화면 한편에 뜨는 코스 안내도를 보는 것과 같은 느낌이었다.

첫 번째 홀은 338m짜리 파4 홀로 대략 190~200m 지점에 워터해저드가 있는 난코스였다. 홍 대리의 드라이버 평균 비거리가 180m 안팎인 것을 감안하면 티샷이라고 해도 워터해저드를 넘기기 위해 무리하기보다는 페어웨이우드를 사용해 적당한 거리를 보내고 나서 다음 샷으로 그린에 올리는 편이 현명한 판단일 듯했다. 혹여 첫 샷의 비거리가 너무 짧아 온그린하는 데 한 타를 더 쓰게 된다 해도 워터해저드에 공을 빠뜨리는 것보다는 낫기 때문이었다.

－딱!

티샷으로 쳐낸 공은 워터해저드에서 20m가량 뒤에 떨어졌다.

두 번째 샷에서는 남은 거리를 고려해 페어웨이우드를 다시 사용했는데 다행히 공은 깔끔하게 그린에 올랐다. 홍 대리의 전략이 척척 들어맞은 것이다. 그리고 두 번의 퍼팅으로 홀 아웃. 홍 대리는 그렇게 첫 번째 홀에서 파를 기록했다.

동행한 거래처 과장은 놀란 기색을 감추지 못했다.

"제법인데, 홍 대리. 이제 보기 플레이어도 그리 멀지 않은 것 같아."

"과찬이십니다. 오늘 제가 운이 좋네요."

홍 대리는 겸손을 떨었지만, 속으로는 자신도 흥분을 억누르기 힘들었다. 이제야 비로소 진짜 골프의 재미를 느낀 듯했기 때문이다. 이제까지는 한 타, 한 타 실수 없이 쳐 내는 데 급급했던 데 반해 이번에는 티샷에서부터 홀 아웃까지 나름의 전략을 세웠고, 그 전략이 적중한 것이다.

●

"오, 벌써 스크린골프 싱글을 달성한 겐가?"

거래처와의 골프 미팅이 있었던 다음 날, 골프학교를 찾은 홍 대리에게 김헌 사부가 물었다.

"아니, 아직 그런 건 아닙니다만⋯. 그래도 사부님이 스크린골프를 집중적으로 시키신 이유를 알 것 같습니다."

"흠, 그래? 어디 한번 들어나 보세."

"골프를 단지 스윙의 연속이 아니라 게임으로서 이해하고 그 안에서 전략을 세우는 연습을 하게 하려고 그러신 것 아닌가요?"

홍 대리의 이야기를 들은 김헌 사부가 살짝 놀란 표정으로 답했다.

"호오, 제법이군그래. 바로 그걸세."

그리고 만족스러운 표정으로 말을 이었다.

"골프는 스윙만 잘한다고 되는 게 아니야. 라운드 전체에 걸쳐 나름의 전략을 수립하고 스코어를 관리해야 하네. 그리고 그 과정에서 느껴지는 재미가 골프의 참맛이기도 하지. 답을 찾은 걸 보니 자네는 이미 그 재미를 맛본 모양이군그래."

"네, 스크린골프를 꾸준히 하다 보니 당장 눈앞에 닥친 샷뿐만이 아니라 한 홀, 한 홀 게임을 어떻게 꾸려나갈지에 대해 고민하게 되더군요. 그게 몸에 익으니 자연스레 필드에서도 그런 식으로 생각하게 되었고요."

"그렇지, 골프라는 게임을 정복하기 위해서는 전략과 전술이 필요하다네. 골프는 굿 샷만으로 즐기는 게임이 아니라 그저 그런 샷으로 즐기는 게임이라는 걸 빨리 눈치채야 하는 거야. 골프는 무기의 불완전성을 전략으로 보완하는 게임이니까. 그리고 이는 환경에 차이가 있긴 해도 스크린골프에서나 필드 골프에서나 마찬가지지. 내가 처음 골프를 배우던 시절에는 스윙 연습은 연습장

골프 천재가 된 홍 대리 2

에서 한다 해도 게임을 미리 연습해볼 기회가 없었어. 필드에 나가서 비싼 수업료를 치르며 배울 수밖에 없었던 게지. 지금은 스크린골프가 있으니 이 얼마나 좋은 여건인가? 그러니 이를 십분 활용해야지."

"그리고 지금부터는 연습하고 게임을 하는 것보다 게임을 먼저 하고 모자란 부분을 연습하고, 연습의 양보다 게임이 양이 더 많아야 하네."

"그래도 연습을 먼저 하고 연습의 양이 더 많아야 하는 것이 아닌가요?

황당해서 눈이 동그래진 홍 대리의 질문에 김사부는 단호하게 말했다.

"세상의 어느 운동이 실전보다 연습을 많이 하나? 축구? 농구? 테니스? 그저 친구들이 모일 때까지 슬슬 연습하고 있다가 친구들이 모이면 바로 게임을 시작하지 않나?

"예, 그렇죠."

"연습과 레슨이 비대해진 지금의 연습 문화는 회원권이 없으면 들어갈 수 없는 사장님 회장님들의 골프였던 시절에 그분들의 부름을 기다리는 동안 죽어라 연습을 하면서 기다릴 수밖에 없었던 시절의 연습 문화일 뿐이야. 이제는 본래의 모습으로 돌아가야 해."

"본래의 모습이라면?"

"선 게임 후 연습. 그리고 연습보다 게임의 양이 더 많은 연습

문화."

홍 대리가 어느 정도 공감을 하는 표정이 되자 김헌 사부가 말을 이었다.

"게임을 많이 하다 보면 골프라는 게임이 요구하는 바를 정확히 꿰뚫어 알게 되네."

"예? 골프가 요구하는 바요?"

"그럼. 연습장에서 불완전하다고 고치려고 하는 많은 샷이 대부분 필드에서는 굿 샷일세. 사람들은 게임이 요구하지도 않는 엄격한 기준을 자기 마음대로 설정해 놓고 연습을 하고 있질 않은가?"

"아하, 사실 저도 좀 그렇긴 하네요."

"그리고 드라이버가 좀 덜 맞아도, 세컨 샷이 좀 마음에 들지 않아도 목표한 타수를 얼마든지 만들어 낼 수 있다는 게임의 본질을 깊이 깨닫게 되지. 그게 골프라는 게임이 요구하는 바일세."

홍 대리는 그동안 연습하면서 본인이 취했던 태도를 돌아보며 폐부를 찔린 듯 부끄러웠다.

"그런데 어떤 게임이든 상관없나요?"

"골프력 게임이든 18홀 게임이든 그 어떤 게임이라도 상관없네. 게임을 해야 재미를 느끼고 재미는 욕망을 자극하네."

"그건 저도 경험하고 있는 바입니다."

"욕망의 크기가 성취의 크기인 법이지. 욕망이 있어야 지독한 반복의 지루함과 어려움을 이기고 나가는 에너지가 생기는 걸세."

골프 천재가 된 홍 대리 2

"예, 그렇죠. 철강인 골프 대회에 나가겠다는 저의 욕망이 연습의 어려움을 극복하게 하고 있다는 이야기인 거죠?"

"그래, 그래. 다만 지난번에 자네가 이야기했던 것처럼 필드 골프보다는 이래저래 조건이 단순하니 상대적으로 더 좋은 스코어를 기록할 수 있어야 하네. 이미 답은 찾았더라도 스크린골프 싱글 스코어는 꼭 달성하게나. 그래야 필드에서 보기 플레이 수준의 스코어를 기록할 수 있네."

"네, 명심하겠습니다."

이리하여 비로소 골프라는 게임의 본질과 게임이 요구하는 바를 깨달은 홍 대리는 골프를 시작한 이래로 새로운 전기를 맞이한 느낌이었다.

▶ 골프는
치밀하게
스윙은 생각
없이

▶ 골프의
전략과 전술

한 방이 아니라
골프의 진짜 재미를 만끽하라

홍 대리는 점심을 마친 뒤 언제나처럼 회사 옥상으로 올라가 빈 스윙을 하며 몸을 풀고 있었다. 머릿속으로 자기가 서 있는 곳이 딱딱한 시멘트 건물 옥상이 아니라 잔디가 펼쳐져 있는 필드라고 생각하면서 빈 스윙을 한 번 할 때마다 허공으로 날아가는 골프공을 상상했다.

그때였다.

"이봐, 홍 대리, 또 연습하는 거야?"

뒤를 돌아보니 남윤창 과장이 홍 대리를 향해 걸어오고 있었다.

"아, 과장님. 그냥 몸 좀 풀고 있었습니다."

"그게 아닌 것 같은데."

남윤창 과장은 능청스러운 미소를 지으며 말했다.

"이윤아 부장님에게 다 들었어. 자네가 철강인 골프 대회에 나가려고 한다고 말이야."

"네? 그게⋯."

보기 플레이어가 돼서 이윤아 부장에게 출전을 허락받기 전까지는 비밀에 부치려고 했던 홍 대리는 당황하지 않을 수 없었다. 회사 사람들에게 업무에 집중하지 않고 딴청을 피우는 것으로 비칠까 봐 조심스러웠기 때문이다.

"난처해할 필요 없어. 이윤아 부장님이 자초지종을 말해주며 잘 좀 챙겨주라고 하시더군."

"아, 네⋯."

"윤서진 씨가 윤길성 이사의 딸이었다니, 나도 미처 몰랐던 사실이야. 어쨌든 나도 두 사람이 잘되길 바라네. 내가 도울 만한 일 있으면 말하라고."

"감사합니다, 과장님."

남윤창 과장의 배려에 감격한 홍 대리는 연신 허리 숙여 감사를 표했다.

"그나저나⋯."

남윤창 과장이 조심스럽게 다시 말문을 열었다.

"윤서진 씨 마음은 분명히 확인한 거지?"

"네, 그게 무슨 말씀이신지⋯?"

"나야 누구보다 자네의 능력과 가능성을 믿네만 상대가 국내

일류 건설사 임원의 딸이니 말이야. 노파심일지 모르겠네만 자네가 이렇게까지 애를 쓰는데 혹여 서로 마음이 같지 않으면 나중에 상심이 클 것 같아 걱정돼서 하는 말일세."

홍 대리는 잠시 할 말을 잃고 말았다. 그런 생각은 여태껏 해본 적이 없었기 때문이다. 윤서진의 부모님을 설득하려고만 했지 그녀 본인이 자신과 장래를 약속할 만한 확신을 했는지는 생각해본 적이 없었다.

●

홍 대리는 한시가 다급했기 때문에 윤서진과 데이트를 할 때도 스크린골프장에서 시간을 보낼 때가 많았다. 철강인 골프 대회에 나가는 것이 그에게 얼마나 중요한지 잘 아는 윤서진이 이를 불평할 리 없었지만 그래도 홍 대리는 마음이 늘 불편했다.

"서진 씨, 매번 미안해요. 근사하게 데이트를 해야 하는데…."

"괜한 말 하지 말아요. 저도 골프 좋아하는걸요, 뭘."

윤서진은 클럽 거치대에서 아이언 클럽을 하나 꺼내 들어 빈 스윙으로 몸을 풀었다.

그런 윤서진을 바라보는 홍 대리는 마음이 뿌듯하면서도 한편으로는 쓸쓸한 생각이 들었다. 남윤창 과장이 했던 이야기가 계속 머릿속에 맴돌았기 때문이다. 그녀의 마음을 분명하게 확인하고 싶은 마음이 간절해진 것이다. 그런 홍 대리에게 한 가지 아이디어가 떠오른 것은 그때다.

"서진 씨, 오늘은 우리 내기 한번 해볼까요?"

"내기요?"

"네, 그냥 게임만 하면 재미없잖아요."

"음, 좋아요. 대신 안 봐 줄 거예요, 호호. 그럼 내기는 뭘 걸까요?"

그러자 홍 대리가 기다렸다는 듯 말했다.

"이긴 사람 소원 들어주기 어때요?"

"소원이요?"

"네, 뭐든 말이에요."

윤서진은 조금 당황했는지 멈칫했지만 이내 미소를 지으며 말했다.

"좋아요. 나중에 후회하기 없기예요."

"네!"

홍 대리는 상기된 얼굴로 대답했다.

"어, 어!"

윤서진은 놀란 눈으로 스크린을 바라봤다. 데굴데굴 구르던 공은 이내 홀 컵으로 빨려 들어갔다.

"와, 기덕 씨! 버디예요."

어느새 게임 막바지에 이르러 홍 대리의 18홀째 퍼팅이 성공

하는 순간이었다. 그뿐만이 아니었다. 오늘 홍 대리의 최종 스코어는 80타로, 84타를 친 윤서진을 이긴 데다 드디어 스크린골프에서 싱글을 기록하기까지 한 것이다.

"흠, 제가 졌네요. 기덕 씨 소원이 뭔지 이야기해보세요."

그 말에 홍 대리는 귓불까지 얼굴이 벌게져서는 말했다.

"저, 잠깐 눈 좀 감아 보실래요?"

"눈이요? 그게 전부인가요?"

"네? 아, 네."

늘 소극적이고 자신을 조심스러워하는 홍 대리였기 때문에 윤서진은 별생각 없이 시키는 대로 눈을 감았다. 깜짝 선물이라도 준비했나 보다 싶었다. 그런데 그 순간 그녀의 콧등에 누군가의 숨결이 느껴졌다. 그러고는 눈을 뜰 겨를도 없이 곧이어 입술에 무언가가 와 닿았다. 그제야 윤서진은 두 눈을 부릅떴다.

두 눈을 질끈 감고 그녀에게 입술을 포개고 있는 홍 대리의 얼굴이 보였다. 화들짝 놀라 홍 대리를 밀쳐낸 윤서진은 잠시 할 말을 잃은 채 멍하게 그를 바라봤다. 그녀 못지않게 당황한 홍 대리가 먼저 입을 열었다.

"서, 서진 씨."

그때였다.

-짜악!

정신이 든 윤서진이 홍 대리의 뺨을 올려붙인 것이다.

"실망했어요."

윤서진은 옷걸이에 걸려있는 옷과 핸드백을 낚아채듯 챙겨 뒤도 돌아보지 않고 방을 빠져나갔다. 홍 대리는 미안한 마음에 차마 그녀를 잡지도 못한 채 망연자실하여 그 모습을 바라볼 뿐이었다.

'아…. 내가 무슨 짓을 한 거지?'

어깨를 축 늘어뜨린 채 스크린골프장을 나선 홍 대리는 넋 나간 사람처럼 무작정 거리를 걸었다. 그러다 윤서진에게 전화를 걸어봤지만, 아니나 다를까 그녀는 받지 않았다.

후회를 거듭하며 걷고 또 걷다 보니 그의 발길이 머문 곳은 골프학교가 있는 건물 앞이었다. 시계를 보니 이미 자정이 넘어 있었다. 너무 늦은 시간이었기에 아무도 없겠거니 싶었지만, 혹시나 하는 마음에 계단을 올랐는데 뜻밖에 문은 열려 있었다.

하지만 문을 열고 들어가 보니 아무런 인기척도 느껴지지 않았다. 다시 둘러보니 옥탑 외부로 향하는 문이 빼꼼히 열려 있었다. 밖으로 나가 보니 그곳에 놓인 평상에 한 사람이 하늘을 올려다보며 앉아 있었다. 그는 다름 아닌 김헌 사부였다.

"사부님."

"어라, 홍 대리 아닌가? 이 야심한 시간에 웬일이지?"

가까이 다가가 보니 평상 위에는 소주병 하나와 잔이 놓여 있었다. 김헌 사부는 대뜸 홍 대리에게 술잔을 건넸다.

"한잔하겠나?"

"네? 아, 그럼….."

홍 대리는 잔을 받아 들며 그의 옆에 앉았다.

"자네, 무슨 일이 있었던 모양이로군."

마음이 갑갑하기 이를 데 없었던 홍 대리는 오늘 윤서진과 있었던 일을 몽땅 털어놓았다.

"이 친구, 마음이 급했군그래."

홍 대리의 이야기를 모두 들은 김헌 사부가 말했다.

"네. 서진 씨 마음을 확인하지 않고서는 일에도 골프에도 집중할 수 없을 것 같아서 그만….."

"하긴 나도 그렇게 늘 서두르고 허둥대던 때가 있었지."

표정에 그늘이 진 김헌 사부가 말을 이었다.

"한때 사업을 했었네. 무역회사를 한 적도 있고 전자부품 회사를 한 적도 있었지. 자잘한 성공 따위에는 만족할 수 없었기에 언젠가 크게 한 방 날리기만을 바라며 거침없이 일을 추진했어. 그렇게 몇 번인가 큰 성공을 거두기도 했고 말이야."

홍 대리는 잠자코 그의 말을 들었다. 예전에 108배를 배울 때 그가 사업에 실패해 절에 들어간 적이 있다는 이야기를 들은 기억이 있기 때문이었다.

"그때 골프를 시작했지. 당시만 해도 돈 많은 사람이나 할 수 있는 운동이었거든."

홍 대리는 고개를 끄덕였다. 얼마 전까지만 해도 자기같이 대리 정도의 위치에 있는 사람이 골프를 하는 것은 극히 드문 일이었다는 것을 그도 익히 알고 있었기 때문이다.

"그땐 나도 여느 아마추어 골퍼들처럼 비거리를 늘리는 데 혈안이 되어있었다네. 왜 안 그랬겠나? 사업에서도 한 방만 노리던 때였으니 말이야. 그것만이 오로지 내 삶의 기쁨이자 목표라고 생각했었지. 그런데 결국 그런 생각과 태도가 내 삶도 골프도 불행하게 만들었다네."

"골프는 그렇다 치고, 사부님의 삶까지요?"

김헌 사부는 잔에 남은 소주를 마저 들이켰다.

"사업 초반에는 뜻대로 일이 잘 풀렸지만 얼마 지나고 나서부터는 좀처럼 큰 한 방이 터지지 않았거든. 그러다 결국 그야말로 쫄딱 망하고 말았지. 수익 없이 투자만 계속되었으니 말이야."

"아…."

"그리고 나서도 내 잘못을 깨달은 것은 한참이나 지난 후의 일이야. 하루는 내가 망한 줄 모르고 있던 친구 하나가 골프나 한번 치자면서 연락을 했어. 당장 아이들 학원비조차 낼 돈도 없을 때였는데도 불구하고 난 그 제안을 거절할 수가 없었다네. 그놈의 자존심 때문에 말일세. 결국, 며칠이나 막노동을 해서 돈을 마련해 골프장에 갔지. 그날 비로소 내 삶의 태도도 골프에 임하는 자세도 변했다네."

골프 천재가 된 홍 대리 2

"무슨 일이 있었던 건가요?"

"이전에는 드라이버 샷이 비거리가 짧거나 실수를 해서 맘에 들지 않으면 그다음 샷은 될 대로 되라는 식으로 치곤 했었지. 내게 중요한 건 처음 한 방이었거든. 하지만 그날은 진짜 뼈가 빠지도록 일해서 번 돈으로 골프를 치는데 어찌 그럴 수 있었겠나? 게다가 그린 피를 걸고 내기를 했거든. 상황이 그쯤 되다 보니 드라이버 샷이 러프에 빠지든 벙커에 떨어지든 다음 한 샷 한 샷에 신중할 수밖에 없었지. 그런데 정말 신기한 일이 벌어졌어."

홍 대리는 숨죽이고 김헌 사부의 이어지는 이야기를 기다렸다.

"그날 난 라베를 했다네."

"라베요?"

"응 라이프 베스트 스코어를 줄인 말이지. 그때 깨달았지. 그 어느 샷 하나 게임에 있어 중요하지 않은 것은 없다는 것을 말이야. 늘 한 방에만 연연했던 예전의 내가 좋은 스코어를 내지 못한 것은 당연했던 거지."

고개를 끄덕이는 홍 대리를 바라보며 김헌 사부가 말을 이었다.

"골프뿐 아니라 내 삶 자체도 그러했다네. 오로지 큰 성공만을 바라보고 달리며 그것만이 나를 행복하게 만들 수 있다고 믿고 살아왔건만 막상 그로 인해 모든 것을 잃고 나니 내게 소중한 다른 많은 것이 보이기 시작했어. 사람도, 사업도, 사랑도…. 심지어 아이들과 집사람과의 관계도 큰 거 한 방으로 되는 것이 아니라 사소

하지만 끊임없는 노력이 모여 강을 이룬다는 것을 알게 되었지."

빈 잔을 채운 김헌 사부는 홍 대리에게 술잔을 내밀어 건배를 청했다.

"이야기가 길어졌군그래. 너무 조급하게 생각하지 말게. 골프에서도, 인생에서도 말이야. 그 과정에서 느껴지는 기쁨과 재미를 만끽하라고."

<김사부의 원 포인트 레슨>

1. 스크린골프로 게임을 익혀라.

골프는 단지 개별 스윙의 완성도만 높인다고 되는 게임이 아니라 전략과 전술을 통해 전체 타수를 최소화하는 목표를 이루어가는 게임이다. 불완전한 무기를 전략으로 극복해 가는 과정이 골프고, 골프라는 게임이 요구하는 바를 깨달아야 한다. 그리고 그 과정에서 느껴지는 재미야말로 골프의 참맛이라 할 수 있다. 예전에는 필드에 나가지 않고서는 스윙 연습밖에 할 수 없었지만, 지금은 스크린골프를 통해 미리 실전 연습을 할 수 있다. 다만 환경상 골프보다는 변수가 적고 단순하기에 스크린골프의 스코어는 필드 골프에서 달성하고자 하는 스코어보다 10타 가까이 낮게 유지가 되어야 하며, 보기 플레이가 되고자 한다면 스크린골프에서는 싱글 수준에 이르러야 한다.

2. 골프는 굿 샷으로 하는 게임이 아니다. 사소한 샷들이 모여 게임을 이룬다. 평정심을 유지하라.

골프를 비거리 콘테스트로 착각하는 사람이 많다. 장타야말로 게임의 승패를 좌우하는 핵심 요소라고 생각하는 것이다. 그리고 이로 인해 연습에서도 실전에서도 숏게임 스윙에는 소홀한 태도로 임하곤 한다. 하지만 티샷에서 홀 아웃하는 데 이르기까지 이루어지는 모든 샷은 과정상에서 나름의 역할이 있으며 그 어느 하나 중요하지 않은 것이 없다. 드라이버 샷이 만족스럽지 못하다고 해서 좌절하고 조급한 마음을 먹으면 이어지는 샷들도 덩달아 엉망이 되기 마련이다. 아마추어 골퍼가 골프를 하는 목적은 타수를 최소화하는 과정에서의 재미를 느끼는 것임을 잊지 말고 늘 평정심을 유지해야 한다.

PART 5

승부는 결국
숏게임에서 난다

풀 스윙이 늘 최선은 아니다

홍 대리는 다음 날 온종일 일이 손에 잡히지 않았다. 머릿속이 온통 윤서진에 대한 생각으로 가득했기 때문이었다. 그는 거래처 미팅 핑계를 대고 업무시간이 끝나기도 전에 사무실을 나섰다.

그가 도착한 곳은 대신건설이었다. 홍 대리는 무작정 정문 앞에 서서 윤서진이 퇴근하기만을 기다렸다. 한참을 기다리자 윤서진과 친하게 지내는 자재과 최미영 주임이 정문으로 걸어 나왔다. 홍 대리는 황급히 그녀에게 다가가 말을 건넸다.

"안녕하세요, 최 주임님."

"어머, 홍 대리님."

그녀는 홍 대리를 알아보고 반색했다.

"서진이 만나러 오셨나 봐요."

"아, 네. 잘 지내셨어요? 그런데 서진 씨는….'"

"어? 서진이 저보다 먼저 내려갔는데 못 만나셨어요?"

그때였다. 고급 승용차 한 대가 지하 주차장에서 올라왔는데 운전석에 앉은 사람은 다름 아닌 윤길성 이사였다. 그리고 윤서진은 그 옆 조수석에 타고 있었다.

윤길성 이사는 홍 대리와 눈이 마주치자 못 본 척 곧장 고개를 돌렸고, 윤서진도 홍 대리를 보고는 시선을 아래로 내렸다.

"휴우….'"

윤서진을 만나 조금이나마 마음을 풀어주고 마음의 짐을 덜고 싶었건만 오히려 가슴에 커다란 돌덩이 하나를 더 얹어놓은 기분이었다.

●

대신건설에서 낭패를 본 홍 대리는 서둘러 골프학교를 찾았다. 오늘도 김헌 사부와 약속이 되어있었는데 윤서진을 만나러 갔다 오느라 시간이 늦은 것이다. 윤서진과의 관계까지 안 좋아진 상황에서 이제 홍 대리가 믿을 건 철강인 골프 대회에 참가하는 것뿐이었다. 낙심하여 허우적댈 여유가 없었다.

방문을 열고 들어서자 김사부가 타석에서 셋업을 하고 있었다.

"사부님, 죄송합니다. 좀 늦었습니다.'"

"흠, 이 친구야, 자네가 늦기에 혼자 라운드를 돌고 있었지 않나? 어쨌든 마침 잘 됐군. 어서 와서 이번 샷부터 해보게."

"네? 지금 바로요?"

"그래, 그렇게 헐레벌떡 왔으니 워밍업은 따로 필요 없겠는데, 뭘."

홍 대리는 하는 수 없이 신발만 갈아 신고 김헌 사부로부터 클럽을 건네받아 타석에 섰다.

화면을 보니 파4 홀의 두 번째 샷 차례였는데 공은 수풀이 우거진 러프 지역에 떨어져 있었다. 남은 거리는 110m 정도로 7번 아이언으로 풀 스윙을 하면 간단히 그린 위에 공을 올릴 수 있을 만했다.

홍 대리는 일단 빈 스윙을 하기 위해 뒤로 조금 물러서서 뒤로 팔을 뻗었다. 그때였다.

"어?"

들어 올린 클럽에 무언가가 부딪혀 깜짝 놀라 뒤를 돌아보니 김헌 사부가 백스윙의 최고점에서 약간 미치지 못한 높이에 퍼터를 내밀고 있었다.

"화면을 보게. 수풀 지역 아닌가? 그럼 자네가 셋업을 한 자리에 나무가 있어서 이렇게 나뭇가지에 걸릴 수 있지 않겠나?"

아닌 게 아니라 홍 대리는 필드에서 몇 번이나 그런 경험을 한 적이 있었다. 하지만 스크린골프에서는 공이 러프에 떨어졌다 해도 그럴 일이 없었다.

"실제 상황이라고 생각하고 스윙을 해보게나."

"네."

홍 대리는 샷을 하기 위해 공에 맞추어 다시 셋업을 했다.

'러프를 넘겨 그린에 올리려면 어쨌든 풀 스윙을 하긴 해야 하는데, 흠…. 그럼 백스윙을 퍼터에 닿지 않을 만큼만 조금 줄여야지.'

－사악… 딱!

"앗!"

백스윙을 약간 덜 했을 뿐이건만 공은 평소 거리와는 비교도 안 될 만큼 덜 날아가 결국 러프에 빠지고 말았다.

"사부님, 아무래도 아직 몸이 덜 풀린 모양입니다."

"그래? 그럼 다시 한번 해보게나."

김헌 사부가 멀리건 버튼을 누르자 화면에는 조금 전 상황이 다시 나타났다. 홍 대리는 이런저런 스트레칭을 간단하게 한 후 다시 타석에 자리를 잡았다.

"큭…!"

이번에는 아예 더프, 이른바 뒤땅이 나고 말았다. 클럽이 매트를 때리면서 생긴 충격이 홍 대리의 팔에 그대로 전해졌고, 살짝 스치기만 한 공은 앞으로 데굴데굴 구를 뿐이었다. 최근 들어 스크린골프장에서 이렇게 스윙을 헤매기는 처음이었기에 홍 대리는

당황하지 않을 수 없었다.

"이유가 뭐라고 생각하나?"

홍 대리의 마음을 읽었는지 김헌 사부가 물었다.

"그, 글쎄요."

"내 알려주지. 기껏 연습해둔 스윙은 하지 않고 난생처음 해보는 스윙을 하려 드니까 이런 일이 벌어지는 걸세."

"네? 저는 매일같이 연습하는 풀 스윙을 한 건데요?"

김헌 사부는 고개를 절레절레 저었다.

"자네가 평소에 백스윙을 줄여서 풀 스윙하는 연습을 해두었단 말인가?"

"그건 아니지만…."

"자네 딴에야 연습해둔 스윙을 상황에 맞추어 응용한다고 해도 그건 전혀 다른 스윙이 되는 거지. 그나마 익숙해진 스윙을 해도 뜻대로 잘 안 되는 마당에 난생처음 해보는 스윙을 하는데 미스가 나지 않고 배기겠나?"

홍 대리는 김헌 사부의 말에 수긍이 가기는 했지만 그럼 어찌해야 할지 통 감이 잡히지 않았다.

"그렇다면 이럴 땐 어떡해야 하나요?"

"좀 전에 내가 했던 이야기 속에 이미 답이 있네."

"네?"

"자네가 연습한 스윙을 해야지."

하지만 홍 대리의 의문은 여전히 풀리지 않았다.

"그럴 수 없는 상황이라서 아까처럼 정상적이지 않은 스윙을 할 수밖에 없었던 건데…."

김헌 사부가 혀를 차며 말을 이었다.

"쯧쯧, 자네가 할 줄 아는 게 어디 풀 스윙뿐인가? 숏게임 스윙 연습도 병행해왔지 않나. 아까 내가 퍼터를 올리고 있는 정도의 높이면 허리 높이 정도의 숏게임 스윙으로도 충분히 가능하지 않겠나?"

"그렇긴 합니다만, 거리가 거리인 만큼 풀 스윙을 해야 하지 않을까요?"

"이 친구, 지난번에 와서는 스크린골프 하면서 게임 운영의 묘미를 깨달았다느니 어쩌니 하더니만 다 거짓부렁이었나 보군. 어디로 공이 튈지도 모르는데 부득부득 풀 스윙을 고집하느니 거리는 좀 덜 나오더라도 숏게임 스윙을 해서 다음 샷을 하기에 유리한 곳으로 공을 보내는 게 낫지 않겠냔 말일세."

홍 대리는 이제야 김헌 사부의 말이 온전히 이해되었다. 얼마 전에 홍 대리가 워터해저드에 공을 빠뜨리지 않기 위해 티샷에서 드라이버를 포기하고 페어웨이우드를 사용했던 것처럼 상황에 따라서는 풀 스윙을 포기하고 다음 샷을 도모해야 할 필요도 있는 것이었다.

"풀 스윙 대신 다른 길을 모색해야 하는 경우는 러프에서만 생기는 게 아닐세."

"그럼 또 어떤 때에…?"

"흠, 자네가 늦게 오는 바람에 시간이 많이 늦었으니 내일 알려 줌세. 오늘은 이만 가세."

경사면을 극복하는 네 가지 방법

　어제 약속에 늦은 게 마음에 걸린 홍 대리는 오늘 퇴근 후 편의점에서 간단히 저녁 식사를 때운 후 스크린골프장에 먼저 와서 가볍게 스트레칭 하며 사부를 기다렸다.

　"오호, 오늘은 일찍 왔군."

　"아, 사부님 오셨습니까?"

　방으로 들어오자 김헌 사부는 홍 대리에게 일단 타석에 서 보라고 지시했다.

　"자, 거기 가만히 서 있어 보게."

　그리고는 컴퓨터로 가서 키보드를 조작했다.

　-웅

　그러자 타석이 육중한 기계음과 함께 홍 대리의 몸 뒤쪽으로 기울어졌다.

"어이쿠!"

깜짝 놀란 홍 대리의 몸이 기우뚱했다.

"필드에 나가면 지면 상황이 가지각색이지. 평평한 데가 있는가 하면 이렇게 경사진 곳도 있고 말이야. 예전에는 필드에 나가지 않고서는 그에 맞추어 미리 연습할 수 없었지만 요즘 스크린골프 기계는 이렇게 타석이 움직이기까지 하니 여건이 참 좋아."

"아, 그러네요."

"자네는 어떻게 하나 일단 한번 보자고. 지금 경사도는 30도 정도로 비교적 가파른 편이야. 자, 그 상태에서 7번 아이언으로 샷을 해보게."

막상 올라가 보니 아닌 게 아니라 셋업을 취하는 것 자체가 어색하게 느껴질 정도로 경사가 심했다. 어쨌든 억지로 자세를 잡은 후 스윙을 했다.

-퉁!

홍 대리가 휘두른 클럽은 결국 공에 미치기 전에 매트를 먼저 내리찍고 말았다.

"에구, 또 뒤땅이 났네요."

김헌 사부는 예견했던 일이라는 듯 태연히 말했다.

"역시 백문이 불여일견이거든. 사람들은 지면의 경사가 심해서 제대로 된 풀 스윙이 어려운 경우에도 풀 스윙을 임의로 변형해서

엉뚱한 스윙을 하곤 하지. 지금 자네가 한 것처럼 말이야."

"그럼 이때도⋯."

"그렇지. 숏게임 스윙을 해야지."

홍 대리가 뭔가 개운치 않은 표정으로 다시 물었다.

"하지만 숏게임 스윙을 한다고 해도 자세가 불편하고 어색하긴 마찬가지 아닌가요?"

"그렇긴 하지. 하지만 체중 이동을 해야 해서 땅을 디딘 하체의 동작이 큰 풀 스윙보다는 체중 이동이 필요 없고 전반적인 동작도 작은 숏게임 스윙이 위험 요소가 훨씬 적지."

"아, 풀 스윙보다 실수할 확률이 상대적으로 작다는 말씀이시군요."

"그렇지."

이제야 홍 대리는 속 시원한 듯 고개를 끄덕인 후 혼잣말을 하듯 되뇌었다.

"경사면에서는 숏게임 스윙⋯."

이를 들은 김헌 사부가 손을 내저으며 황급히 말했다.

"아, 그렇다고 경사면이면 무조건 숏게임 스윙을 해야 한다는 말은 아니야. 좀 전처럼 경사도가 30도 이상 돼서 정상적인 셋업 자체가 어려울 때 그러라는 말일세."

"그럼 그보다 낮을 때는 평소에 하듯 풀 스윙을 하면 되는 건가요?"

"흠, 지면이 10도에서 20도 정도 기운 경우에는 몸에 경사가 거의 느껴지지 않는다네. 혹여 느껴진다 해도 그리 부담이 될 정도는 아니어서 셋업 자체에는 별 무리가 없어. 하지만 그렇다고 해도 하던 대로만 하면 당황스러운 결과가 나곤 하지."

"차이가 그렇게 심한가요?"

"풀 스윙으로 100m 정도 거리의 그린에 열 번 쳐서 여덟 번 온 그린 시킬 수 있는 사람이라면 경사가 10도 정도일 경우에 네 번 정도로 절반가량 확률이 줄지. 20도로 늘면 두 번 정도로 격감하고 말이야."

"이야, 경사는 10도씩 느는데 난이도는 기하급수로 불어나는군요."

"그렇지. 그래서 정상적인 셋업은 가능할 정도의 경사면에서는 각각의 상황에 맞는 요령이 필요하다네."

"각각의 상황이라면…."

김헌 사부는 기계를 작동하는 컴퓨터 쪽으로 자리를 옮기며 말했다.

"경사의 종류는 크게 네 가지라네. 먼저 지금 자네가 서 있는 상황처럼 발가락이 있는 발끝 쪽이 오르막인 경우가 있지. 그리고 그와 반대로 그 발끝이 내리막인 경우가 있을 테고 말이야. 또 몸의 좌우를 기준으로 왼발 쪽이 오르막인 경우와 내리막인 경우가 있어."

그렇게 말하면서 김헌 사부는 컴퓨터 키보드를 조작했다. 그러자 홍 대리 앞쪽으로 타석이 살짝 기울면서 경사가 완만해졌다.

▶ 경사면 샷1

"그럼 한 가지씩 차근차근 요령을 알려주지. 지금 상황이 대략 20도 정도 되는 발끝 오르막이라네. 아까 자네 스윙을 했을 때 어떻게 됐었지?"

"뒤땅이 났었죠."

"왜 그랬다고 생각하나?"

"셋업 자세가 불안정하다 보니 동작이 흐트러졌던 게 아닐까요?"

"물론 그랬겠지. 하지만 발끝 오르막 경사에서 뒤땅이 나는 데는 더 결정적인 이유가 있다네."

김헌 사부는 클럽을 들어 느린 동작으로 스윙 모습을 재현하며 말을 이었다.

"자, 이것 보게. 발끝 오르막일 때 내 발이 디디고 있는 곳에 비해 공이 놓인 곳의 지면이 더 높지 않은가? 그러니 평소 하던 대로 풀 스윙을 하면 정상적일 때에 비해 클럽과 땅이 일찍 만나는 게 당연하지. 여기까지는 이해가 되나?"

"네."

"그럼 뒤땅을 방지하려면 어떻게 해야겠나?"

잠깐 고민한 끝에 홍 대리가 대답했다.

"음, 셋업 위치를 살짝 왼쪽으로 옮기면 되지 않을까요?"

"오, 정답일세. 그렇게 하면 일단 공이 땅과 만나는 지점이 이동하면서 뒤땅을 피할 수 있겠지. 또 다른 방법은 없을까? 좀 더 머리를 써 보게."

하지만 홍 대리로서는 더 떠오르는 아이디어가 없었다.

"글쎄요, 더 딱히 떠오르는 게…."

"스윙 궤도의 최저점을 높여도 뒤땅을 피할 수 있겠지. 최저점을 높이려면 클럽을 좀 짧게 잡으면 될 테고 말이야."

"아, 그렇겠군요."

"자, 그럼 그렇게 다시 해보게나."

홍 대리는 좀 전에 뒤땅이 났던 거리만큼 왼쪽으로 셋업 위치를 옮기고 클럽은 경사도를 고려해 평소보다 약간 아랫부분을 잡았다.

─딱!

그랬더니 정말 뒤땅이 나지 않고 평지에서 스윙할 때처럼 자연스럽게 공이 맞았다. 하지만 화면 속의 공은 정면으로 쭉 날아가지 못하고 왼쪽으로 살짝 휘고 말았다.

"휴, 잘 맞긴 했는데 훅이 났네요."

"그렇군, 몇 번 더 해보게."

그렇게 연이어 세 번을 더 샷을 해보았지만, 결과는 모두 훅이 났고, 답답해하는 홍 대리를 지켜보던 김헌 사부가 비로소 다시 입을 열었다.

"그럴 것 없네. 발끝 오르막 경사면 샷은 훅이 나게 마련이니 말이야."

"네? 도대체 왜…."

▶ 경사면 샷2

"공이 놓인 지면이 뒤쪽으로 높아져 있다 보니 클럽 헤드가 공과 만날 때 생기는 사이드 스핀이 더 많아지기 때문이라네. 그러니 평지에서와는 달리 휘어지는 거지."

홍 대리는 이해됐다는 듯 고개를 끄덕였다.

"그러니 훅이 나는 정도를 미리 파악해두고 그에 맞춰 셋업 자세를 오른쪽으로 틀어 오조준하면 되네."

"굳이 직진성 타구를 고집할 필요가 없단 말씀이시죠?"

홍 대리는 처음 골프를 배우기 시작했을 때 김헌 사부가 골프의 진짜 재미를 느끼기 위해 때 버려야 할 세 가지라며 알려준 비거리, 방향, 굿 샷 중 방향을 떠올리며 말했다.

"오, 내가 헛가르치지는 않았구먼그래. 좋아, 그럼 지금과는 반대로 앞쪽으로 경사진 발끝 내리막의 경우에는 어떤 문제가 발생할 것 같나?"

홍 대리는 잠시 머리를 굴리며 답을 찾아보았다.

'발끝 오르막에서는 클럽 헤드가 지면과 먼저 닿아 뒤땅이 나고, 내 몸 안쪽으로 기운 경사 때문에 감아치는 효과가 나서 훅이

나니까 그 반대라면…….'

"클럽이 공의 윗부분을 때려 탑핑이 나고, 바깥쪽으로 휘어서 슬라이스가 되지 않을까요?"

김헌 사부가 대견하다는 표정으로 말했다.

"바로 정답일세. 그러니 그 해결책도 발끝 내리막과 반대가 되 겠지."

"셋업 위치를 오른쪽으로 옮기고, 클럽을 평소보다 좀 길게 잡 고, 왼쪽으로 오조준을 하면 되겠군요."

"그렇지. 다만 셋업 위치는 아주 살짝만 옮기고 그보다는 헤드 업head up, 즉 스윙 과정에서 고개를 비롯한 상체를 들어 올리는 실수를 범하지 않는 데 더 신경을 써야 하네. 공과 조금 가까이 서 는 것이 유리하네. 발끝 내리막에서 생기는 미스 샷은 거의 이 때 문에 발생하거든."

홍 대리가 고개를 끄덕이자 김헌 사부가 다시 지시했다.

"자, 다시 타석에 똑바로 서 보게."

김헌 사부가 다시 컴퓨터를 조작하자 타석은 일단 다시 평평해 진 후 이번에는 왼발 쪽이 서서히 올라왔다.

"앞에서 배운 두 경우가 몸의 앞뒤로 경사진 상황이라면 좌우로 경사가 지는 때도 있겠지. 우 선 왼발 쪽이 오르막인 경사면 샷을 살펴보세. 자, 그 상태에서 샷을 해보게."

▶ 경사면 샷3

셋업 자세를 취하려고 보니 똑바로 서려면 경사 때문에 왼쪽 다리를 좀 더 구부릴 수밖에 없었다. 그 모습을 본 김헌 사부가 이야기했다.

"그런 자세로 연습 때 하던 대로 스윙을 할 수 있겠나? 지금 자네가 배우는 것은 경사도가 10~20도 정도로 비교적 작아서 셋업 자체는 무리가 없는 경우의 샷일세. 그러니 자세를 흐트러뜨리지 말고 몸 전체가 경사진 지면에 수직이 되도록 오른쪽으로 살짝 기울여 정상적인 셋업 자세를 취해야 하네."

김헌 사부의 말대로 다시 자세를 잡고 곧장 스윙했는데 체중이 이미 오른발에 실려 있어서인지 백스윙은 평소에 비해 수월했다. 하지만 경사 때문에 왼발로의 체중 이동이 원활히 이루어지지 않아 마무리 동작이 엉성해졌고 그 결과 또 뒤땅이 나고 말았다. 이를 본 김헌 사부가 말했다.

"지금 같은 왼발 오르막의 상황에서는 몸의 중심이 오른쪽으로 쏠려 백스윙은 쉬운 데 반해 폴로 스루follow through, 즉 클럽이 공에 맞은 후의 스윙 동작을 마무리하기가 어렵지."

"네, 체중 이동이 잘 안 되네요. 이런 경우에는 어떻게 해야 하나요?"

"그만큼 더 폴로 스루 동작에 특별히 신경을 써서 해야지, 뭐. 그런데 그렇게 제대로 풀 스윙이 제대로 이루어질 때도 왼발 오르막의 경우에는 지형상의 특성 때문에 체중 이동이 안 된 채 휘두르면 탑핑이 되고 훅이 되는 경향이 있다네. 그러니 셋업 위치를 조금 오른쪽으로 옮기고 왼쪽으로 휘는 날아가는 정도를 고려해 오조준해야지."

"그럼 지금 상황과 반대로 왼발 내리막일 때는 백스윙에 더 주의를 기울이고, 공의 뒤쪽이 높아 더핑이 날 가능성이 크니 셋업 위치는 왼쪽으로, 조준은 슬라이스가 나는 만큼 그 반대쪽으로 조정하면 되겠군요."

김헌 사부는 흡족한 미소를 띠며 고개를 끄덕였다.

"오, 이 친구. 간만에 맘에 드는구면. 그래. 정답일세. 자, 그럼 한 가지 묻지. 어제오늘 자네가 배운 것들의 핵심이 뭐라고 생각하나?"

골똘히 생각에 빠졌던 홍 대리가 마침내 입을 열었다.

▶ 경사면 샷4

"흠, 글쎄요. 게임에서는 평소에 연습하던 것만 해야 한다는 것 아닐까요?"

"허허, 그렇지. 풀 스윙이든 숏게임 스윙이든 자네가 평소에 하던 대로 해야 한다는 걸세. 허튼 욕심에 눈이 멀어 풀 스윙만 고집해서는 안 돼. 골프는 결국 타수를 줄이는 게 목적이야. 그러니 한 타 한 타에 얽매일 게 아니라 게임 전체를 볼 수 있는 안목이 필요한 게지. 그리고 한 가

▶ 경사면 샷5

골프 천재가 된 홍 대리2

지만 더 당부하자면, 샷을 하기 전에 공을 어디에 놓고 칠 것인지를 자신할 수 없다면 조금 물러서서 잔디를 쳐 보도록 하게. 볼의 포지션은 발견하는 거야."

"발견하는 거요?"

"각각의 경사에 해당하는 포지션 말일세. 앞이 높으면서 왼쪽이 높고, 내리막이면서 뒤가 높고…. 골프장의 경사가 어디 외워서 될 일이겠나? 실제 샷과 동일하게 샷을 해보면 볼 포지션에 대한 확신이 들겠지. 그럼 훨씬 자신감 있게 샷을 할 수 있고, 실수도 줄일 수 있지."

"그렇군요. 그런데 미리 잔디를 쳐도 되나요?"

"되도록 잔디를 아끼고 보호하는 것이 좋지만 피치 못할 상황이라면 해서는 안 될 일은 아닐세."

레슨을 마치고 집으로 향하는 홍 대리는 마음이 뿌듯했다. 이제까지는 생각해본 적조차 없는 디테일한 부분을 배우고 나니 왠지 본격적으로 골프의 세계에 발을 들인 듯한 느낌이 들었기 때문이다.

골프는 선택의 문제다

"별일 없었다니까, 언니도 참."

퇴근길 엘리베이터를 함께 탄 최미영 주임이 계속 보채자 윤서진이 달래듯 말했다. 며칠 전 회사 앞에서 홍 대리와 마주쳤을 때 뭔가 눈치를 챈 최미영이 윤서진에게 그 이유를 캐물은 것이다.

"그러지 말고 이야기 좀 해봐, 응?"

― 땡

그 사이 1층에 도착한 엘리베이터 문이 열렸고, 윤서진은 최미영 주임을 따돌리고 서둘러 정문으로 향했다.

"언니, 나 먼저 갈게."

"얘, 이야기 좀 하재도!"

그런데 윤서진이 건물 밖으로 나오자 오늘도 홍 대리가 그 앞에서 그녀를 기다리고 있었다.

"호, 홍 대리님."

"서진 씨, 잠깐 시간 좀 내주시면 안 될까요?"

홍 대리가 겸연쩍은 표정으로 묻자 윤서진은 잠깐 말없이 땅만 바라보다 입을 열었다.

"지금은 어려울 것 같아요. 제가 나중에 전화 드릴게요. 죄송하지만 오늘은 돌아가 주세요."

그러고는 매몰차게 돌아서는 그녀를 홍 대리는 차마 붙잡지 못했다. 그때였다.

"홍 대리."

등 뒤에서 그를 부른 것은 바로 윤서진의 아버지, 윤길성 이사였다.

"이, 이사님."

윤길성 이사가 윤서진과의 관계를 눈치챈 이후 처음으로 대면한 것이기 때문에 홍 대리는 당황하지 않을 수 없었다.

"자네, 잠깐 나 좀 볼 수 있을까?"

●

윤길성 이사가 홍 대리를 데리고 간 곳은 자신의 사무실이었다. 대기업 이사의 사무실답게 고급스럽고 깔끔하게 꾸며져 있었다.

"비서가 퇴근해서 말이야. 자네 입맛에 맞을지 모르겠군."

먼저 들어가 앉아 있으라고 한 윤길성 이사가 찻잔이 두 개 놓인 쟁반을 들고 들어오며 말했다.

"이사님, 그럼 절 시키시지…."

홍 대리가 자리에서 급히 일어나며 송구스러운 표정으로 말했다.

"편히 앉게. 자네가 손님 아닌가?"

두 사람은 그렇게 잠시 아무 대화 없이 차를 마셨다. 그 침묵을 깬 것은 윤길성 이사였다.

"우리 서진이와 교제 중이라고 들었네."

"네, 그렇습니다."

윤길성 이사는 그러고는 못마땅한 표정으로 다시 입을 닫았다.

"이사님, 전 서진 씨를 진심으로…."

"좋아한다느니 사랑한다느니 운운할 참이면 그만두게. 둘 관계가 지금같이 된 지 얼마나 됐다고 그러나?"

"하지만 전 그전부터 이미 서진 씨를 오래도록 지켜봐 왔습니다. 물론 이사님의 딸이라는 것은 꿈에도 몰랐고요."

"자네, 말 잘했네. 그럼 이제 상황이 바뀌었으니 자네도 생각을 달리해야 하지 않겠냔 말일세!"

잠깐 발끈했던 윤길성 이사가 말을 끊고 자신을 진정시킨 후 말을 이었다.

"이러려고 오늘 자네를 부른 건 아닐세. 나도 배경 따위에 목매는 그런 사람은 아니야. 다만 서진이가 그리고 있는 제 미래를 생각해 봤을 때 홍 대리 자네에게나 서진이에게나 지금 관계가 적절치는 않다고 생각하네. 그렇다면 더 관계가 진전되기 전에 서로 마음을 정리하는 게 낫지 않겠나? 그래서 일단 자네 생각을 들어 보려고 한 걸세."

윤길성 이사의 이야기를 잠자코 듣고 있던 홍 대리가 말했다.

"네, 지금의 홍 대리가 제 전부라면 그렇겠지요. 이렇게 그냥저냥 일선 월급쟁이로 끝마칠 생각이면 애초에 언감생심 서진 씨를 탐내지 않았을 겁니다. 게다가 윤길성 이사님의 딸이란 걸 알았다면 더 그랬을 거고요. 하지만 저도 서진 씨 못지않은 나름의 꿈을 갖고 있습니다. 일단 적어도 철강 영업 분야에서는 내로라하는 최고의 인재가 되는 게 제 당면 목표입니다. 그리고 골프를 시작하고 난 이후 한결 그 목표에 더 빠르게 다가가고 있습니다."

"당면 목표? 그럼 그다음은?"

"제 역량이 허락하는 한 세상을 이롭게 하는 사람으로 살아가는 겁니다."

"세상을 이롭게 한다라!"

그렇게 열변을 토하던 홍 대리가 갑자기 목소리를 낮추었다.

"그리고…."

"그리고?"

"막연했던 그 꿈을 구체화하고 꼭 해내고 말겠다는 의지를 갖게 한 게 바로 서진 씨입니다. 그런데 제가 어떻게 서진 씨를 포기하겠습니까? 그건 이제 제 미래를 포기하는 것과 마찬가집니다."

홍 대리의 당찬 발언에 윤길성 이사도 마음이 흔들릴 수밖에 없었다. 한 회사의 이사로서 수많은 젊은 부하를 거느리고 있지만 이처럼 당당하고 선명하게 자기 포부를 밝히는 사람은 없었기 때문이었다.

"흠, 자네 뜻을 잘 알겠네. 그렇다고 해서 내가 둘 관계를 인정하는 것은 아닐세. 자네나 서진이나 자기 인생은 스스로 판단해야 할 다 큰 성인들이니 일단 지켜보겠네. 하지만 그건 정말 자네에게 희망과 가능성이 있을 때의 이야기야. 언제고 그게 아니다 싶은 판단이 들면 무슨 수를 써서라도 둘을 갈라놓을 걸세. 명심하게."

"이사님, 그럼 그 말씀은….'

지금 윤길성 이사의 말은 어쨌든 적어도 지금 당장 홍 대리가 윤서진을 만나는 것은 허락한다는 의미였다.

"더 할 말 없으면 그만 나가 보게."

"감사합니다, 감사합니다, 이사님!"

홍 대리는 연신 허리를 굽혀 인사를 한 후 이사실을 나왔다. 윤길성 이사에게 자신의 의지를 상징적으로나마 증명할 수 있을 기회가 될 철강인 골프 대회까지는 이제 한 달이 남은 상황이었다.

"자, 이제 50m 정도 남았군."

다음 날도 홍 대리는 김헌 사부와 함께 스크린골프 게임을 하고 있었고, 파4인 첫 번째 홀에서 티샷이 러프에 빠진 후 두 번째 샷으로 페어웨이에 공을 올린 상황이었다. 다행히 이제 전방에 벙커나 해저드는 없었다.

"이번에는 어떤 클럽을 쓸 텐가?"

남은 거리가 대략 50m이므로 풀 스윙이 아닌 숏게임 스윙을 해야 했고, 경험상 어프로치 웨지로 머리 높이 정도의 샷을 하면 그 정도의 거리를 보낼 수 있었다. 9번 아이언으로 가슴 높이 샷을 해도 비슷한 거리를 보낼 수 있겠지만 그래도 AW로 머리 높이 샷을 하는 것이 풀 스윙과 비슷해서 수월할 것 같았다.

"AW로 치겠습니다."

"그래? 그럼 어디 일단 해보게."

셋업 자세를 취한 홍 대리는 빈 스윙으로 머리 높이 샷을 점검한 후 곧장 샷을 했다.

－휙

"앗!"

그런데 스윙 동작이 의도했던 것보다 컸는지 공은 홀을 훌쩍 넘어 결국 그린 밖까지 벗어나고 말았다.

"휴, 미스 샷이 났네요."

"같은 상황에서 9번이나 PW로 허리 높이 샷을 했다면 어땠을 것 같나?"

"네? 흠, 미스 샷이야 동작상에 문제가 있어서 생기는 거니 결과는 별 차이 없지 않았을까요?"

김헌 사부가 고개를 저었다.

"아니, 결과는 많이 달랐을 걸세. 적어도 공이 목표했던 지점에서 벗어나는 정도는 훨씬 덜했을 거야."

"왜 그럴까요?"

"잘 생각해보면 알 수 있네. 허리 높이나 가슴 높이 샷이 머리 샷 보다 스윙의 폭이 작지 않은가? 그 말은 즉 스윙에 쓰이는 동작도, 공에 가해지는 힘도 더 적다는 것을 의미하지. 그럼 공이 더 날아가건 덜 날아가건, 오른쪽으로 휘든 왼쪽으로 휘든 그 실수의 범위 또한 더 작아지지 않겠나?"

홍 대리는 그제야 고개를 끄덕였다. 공에 힘이 많이 실릴수록 실수로 인해 생기는 거리의 폭도 더 커지는 것이 당연한 이치였기 때문이다.

"아마추어 골퍼가 실제 필드에서 굿 샷이 나올 확률은 30% 정도밖에 안 된다네. 나머지 70%는 그저 그런 샷이나 미스 샷이 나오지. 그러니 숏게임에서는 자신의 의도에서 벗어나는

▶ 골프는
선택의 문제

영역의 폭을 될 수 있으면 줄일 수 있는 샷, 즉 힘을 덜 들이고 낮게 날아가는 샷을 선택해야 하는 걸세. 벙커나 해저드가 있어서 이를 넘겨야 할 때는 당연히 높이 던지기를 해야겠지만 말이야."

"아, 그렇겠군요."

"흠, 잘 이해하는 것 같군. 문제를 몇 가지 낼 테니 또 맞혀 보게."

"네."

"티샷이 잘 맞아서 공을 페어웨이에 올렸네. 그런데 100m 전방에 워터해저드가 있어. 이를 넘기기는 어려울 것 같아서 80에서 90m 정도만 공을 보내려고 해. 자네 평소 비거리를 고려하면 피칭웨지나 9번 아이언으로 풀 스윙을 할 수도 있고, 7번이나 8번 아이언으로 숏게임 스윙을 할 수도 있겠지. 그럼 자네는 어떤 선택을 할 텐가?"

홍 대리는 망설임 없이 곧장 대답했다.

"풀 스윙보다는 동작이 작은 숏게임 스윙을 해야지요. 그래야 실수의 폭이 작아질 테니까요."

"그렇지, 풀 스윙을 했다가는 조금만 힘이 더 실려도 해저드에 공이 빠지는 낭패를 겪을 수 있거든. 좋아, 그럼 두 번째 문제네. 두 사람이 함께 라운드를 도는데 티샷 이후 한 사람은 90m 정도가 남았고, 또 한 사람은 120m가 남았다고 치세. 90m 남은 사람은 피칭웨지로 풀 스윙을 하고, 120m 남은 사람은 8번 아이언으로 풀 스윙을 한다면 누가 더 유리하겠나?"

골프 천재가 된 홍 대리 2

이번 문제는 만만치 않았다. 사용하는 클럽은 다르지만 둘 다 풀 스윙을 하기 때문이었다.

"글쎄요, 아무래도 거리가 짧은 첫 번째 사람이 더 유리하지 않을까요?"

"그렇지 않다네. 동작으로만 본다면야 길이도 짧은 피칭웨지 스윙이 더 쉽겠지. 하지만 클럽이 짧을수록 클럽페이스가 기운 각도, 즉 로프트가 커져서 방향과 거리를 내 뜻대로 조절하기가 어려워진다네. 비스듬히 맞을수록 공이 맞은 이후의 경로를 파악하기가 아무래도 더 어렵지 않겠나? 또 풀 스윙 연습 때는 대개 7번이나 8번을 쓰기 때문에 피칭웨지 풀 스윙은 익숙지 않게 마련이네."

"햐, 그렇겠군요. 그런 부분까지는 전혀 생각지 못했습니다."

"골프는 결국 선택의 게임이야. 열여덟 홀을 도는 동안 적게는 70여 번에서 많게는 100번 이상 선택을 해야 하는 게임이지. 그리고 될 수 있으면 그 선택에서의 실수를 줄이는 게 골프라는 게임의 목적이라네. 그래서 필요한 게 전략과 전술이고 말이야. 그런데 많은 사람이 골프를 그저 장타 대회로 착각하고, 스윙 콘테스트로 착각을 하지."

'선택의 게임이라….'

"자네, 화가 나면 '눈에 보이는 게 없다, 욕심에 눈이 먼다' 이런 이야기 들어봤나?"

"예."

"골프에서 선택하려면 정보를 수집하는 과정을 거치게 되네. 수집한 정보에 근거해서 구질을 결정하고 클럽을 선택하는 매우 복잡한 지적인 과정을 거치지. 그런데 욕심이나 화가 나면 몸동작도 이상해지지만 정보 수집 단계에서 오류가 발생하고 그것을 종합해서 선택하는 과정에서도 실수가 생기네. 미스 샷은 샷을 하기 전에 이미 잉태되는 것이라네."

"예, 정말 그런 것 같습니다."

"그래서 골프에 있어 평상심의 유지가 중요한 것이라네."

"예."

홍 대리는 스스로가 골프를 단지 스윙으로 이해하는 수준에서 벗어나 하나의 온전한 게임으로 이해하는 수준으로 발전해나가는 것 같아 마음이 벅찼다.

"자, 그럼 이제 숏게임에서 내가 가르쳐줄 것은 하나만 남았군."

"아, 정말요? 그게 뭔가요?"

"골프학교 건물 뒤쪽에 초등학교 하나 있는 거 알지? 내일 출근하기 전에 여섯 시까지 거기로 오게나. 그때 알려주지."

벙커 샷은 풀 스윙으로

홍 대리는 동트기 전 첫차를 타고 행복골프학교 근처 초등학교 운동장을 찾았다. 그곳에는 이미 김헌 사부가 나와서 홍 대리를 기다리고 있었다.

"자, 서두르세. 아이들 등교하기 전에 마쳐야 하니 말이야."

그러고는 홍 대리를 철봉이 놓인 곳으로 데리고 갔다. 그곳 바닥에는 안전을 위해 모래가 얕게 깔려있었다.

"오늘 배울 것은 벙커 샷이네. 벙커가 없는 홀은 거의 없어. 게다가 벙커는 그린 주변에 설치된 경우도 많지. 그러니 벙커를 피하려고만 해서는 스코어를 줄이기가 어려워. 우선 벙커 샷을 할 때의 목표가 분명해야 하네."

"에? 목표야 핀에 붙이는 거 아닌가요?"

"쯧쯧, 그래서는 안 되네. 벙커 샷의 목표는 탈출일세! 핀에 붙이려는 마음이 미스 샷을 부르는 걸세!"

"예, 목표는 탈출! 하지만 벙커에서 하는 샷은 잔디에서 하는 샷과는 전혀 다르던데요."

그러자 김헌 사부가 별거 아니라는 듯 말을 받았다.

▶ 숏게임
감이냐
공식이냐

"벙커 샷이 어렵게 느껴지는 이유는 딱 하나야. 모래에서 쳐 본 경험이 적기 때문이지. 그래서 모래의 저항을 지나치게 두려워하거든. 사실 한두 시간만 해봐도 그다지 큰 차이가 없다는 걸 알 수 있는데 말이야. 자, 내가 하는 것을 보게."

▶ 실력에 맞는
숏게임
기대감

김헌 사부는 챙겨 온 샌드웨지 클럽으로 모랫바닥을 향해 스윙했고, 바닥에 클럽 헤드가 모래를 파낸 자국이 생겼다.

"자, 이렇게 몇 번 해보면서 모래가 파이는 자리, 즉 디봇이 자기 몸을 기준으로 어디쯤 생기는지 파악하는 걸세."

그렇게 말한 김헌 사부는 조금씩 자리를 뒤로 옮겨가며 스윙을 했다. 그랬더니 모랫바닥에 일렬로 늘어선 흔적이 생겼다.

"들어와서 일단 모래를 파 보게."

여러 차례 모래를 퍼내느라 애를 쓰고 있는 홍 대리에게 김사부가 묻는다.

"모래의 저항이 그리 크지 않지?"

"예, 생각보다 쉽게 클럽이 빠져나오는데요!"

"아이언이 쟁기와 같다는 이야기 기억하나?"

"네."

"그럼 클럽이 모래 속으로 10cm쯤 들어간다는 기분으로 깊이 파보게."

"예."

홍 대리가 아무리 깊이 모래 속을 파려고 해도 불과 4~5cm 정도의 깊이 이상으로는 클럽이 들어가질 않는다.

"사부님, 진짜 그러네요. 아무리 들어가려 해도 깊이 들어갈 수가 없군요."

"그렇네, 클럽을 살짝 열고 치면 바운즈가 모래에 닿는 각도가 더 커지면서 더 얇게 걷어지고 더 쉽게 클럽이 빠져나오게 되지. 벙커 샷이 어려워지는 것은 일정한 깊이로 공을 살짝 걷어내려 할 때야! 그런 확신을 하게 될 만큼 모래를 쳐 보면 벙커 샷은 그 어떤 샷보다 허용 오차 범위가 큰 쉬운 샷이 된다네. 자, 이제 클럽이 모래를 파는 지점이 대략 파악되었으면 디봇의 3분의 2쯤 되는 지점, 즉 디봇 중앙에서 약간 오른쪽에 공이 놓이도록 셋업을 하는 거야."

김헌 사부는 주머니에서 공을 하나 꺼내며 말을 이었다.

그리고 좀 전에 빈 스윙을 만든 디봇의 3분의 2가량 되는 지점에 탁구공을 놓고 스윙을 했다. 그랬더니 공은 필드에서 벙커 샷을 할 때처럼 모래와 함께 앞으로 날아갔다.

"중요한 건 새로운 스윙을 배우려 하지 말고, 자신감 있게 원래 하던 대로 풀 스윙을 하는 걸세. 벙커에서는 공이 클럽에 맞아서 날아간다기보다 클럽이 걷어내는 모래 파도에 밀려 날아간다고 이해해야 해. 그러니 풀 스윙을 해도 페어웨이에서 하는 스윙에 비하면 현저히 비거리가 짧지. 그런데 혹여나 너무 멀리 날아갈까 걱정돼서 스윙 궤도를 줄이거나 하면 헤드 스피드가 줄 뿐만 아니라 상대적으로 모래의 저항도 커져 터무니없는 비거리가 나오는 거야. 자, 한 번 해보게."

몇 번의 실수를 지난 후 어느 정도 탈출이 가능해지자 홍 대리가 물었다.

"그때그때 공을 보내야 하는 거리가 제각각일 텐데 풀 스윙 하나만 가지고 어떻게 전부 맞추죠?"

"좋은 질문이네. 벙커 샷에서는 쓸 클럽도 정해져 있고, 스윙도 풀 스윙 하나뿐이니 헤드 스피드를 임의로 조정할 수밖에 없지. 그 스피드를 조정하는 기준은 다름 아니라 바로 클럽을 휘두를 때 나는 소리라네. 정상적인 풀 스윙에서 나는 소리, 그보다 약간 작은 소리, 그리고 날락 말락 하는 정도의 소리, 이렇게 세 가지로 구분해 두면 공이 날아가는 거리도 그에 맞추어 세 단계 정도로 조절할 수가 있어. 이때 주의해야 할 것은 소리가 크든 작든 간에 백스윙과 폴로 스루에 이르는 스윙의 궤도는 모두 정상적인 풀 스윙과 같아야 한다는 거야. 단지 소리의 크기만 다를 뿐이지. 여건이 될 때 미리 그 각각의 거리를 파악해두면 되는 걸세."

"아, 그런 방법이 있었군요."

▶ 벙커 샷1

"대회 나가기 전날 밤에 2시간 정도 충분히 연습하게. 그러면 벙커에 당당해질 수 있을 걸세. 사람들은 그 2시간을 투자하지 않고 평생 벙커를 피해 다니지. 자네, 그나저나 이제 회사에 가 봐야 하지 않나?"

▶ 벙커 샷2

"네?"

손목시계를 보니 여덟 시가 거의 다 되어가고 있었다. 지금 바로 출발해도 출근 시간까지는 빠듯할 터였다.

"앗! 사부님, 죄송하지만 먼저 가 봐야 할 것 같습니다."

"죄송하긴, 더 늦기 전에 빨리 출발하게."

홍 대리는 지하철역으로 황급히 달려가는 와중에도 오늘 또 중요한 가르침을 하나 얻었다는 기쁨에 발걸음이 가벼웠다.

<김사부의 원 포인트 레슨>

1. 응용 샷은 금물이다.

거리상으로는 풀 스윙을 해야 하지만 공이 수풀 지역에 빠지거나 해서 장애물로 인해 정상적인 풀 스윙 동작이 어려울 때가 있다. 이런 경우에 평소 연습해둔 동작을 임의로 변형해서 스윙해서는 절대 안 된다. 미스 샷이 날 확률이 절대적으로 높기 때문이다. 따라서 일단 정상적인 풀 스윙이 어렵다고 판단될 때는 거리에 대한 욕심을 포기하고 숏 게임 스윙을 고려해야 한다.

2. 경사면 샷, 유연하게 대처하라.

지면이 기울어 경사가 졌을 때는 같은 풀 스윙을 해도 다른 결과가 나기 마련이다. 따라서 각각의 상황에 맞는 요령이 필요하며, 크게는 경사가 30도 이상이어서 정상적인 셋업 자체가 불가능한 경우와 경사가 20도 안팎이거나 그보다 작아 셋업에는 큰 지장이 없는 경우 두 가지로 구분할 수 있다.

○ 경사가 30도 이상인 경우

지면의 경사가 심해 정상적인 셋업이 어려운 경우에는 일단 풀 스윙을 포기하고 숏게임 스윙을 해야 한다. 숏게임 스윙은 체중 이동이 필요 없고 전반적인 동작도 상대적으로 작아 위험 요소가 적기 때문이다.

골프 천재가 된 홍 대리 2

○ **경사가 20도 안팎이거나 그보다 작은 경우**

__ **발끝 오르막:** 공이 놓인 위치의 지면이 높아 뒤땅이 나기 쉬우므로 셋업 위치를 살짝 왼쪽으로 이동하고, 클럽을 평소보다 짧게 잡는다→ 훅이 나기 마련이므로 오른쪽으로 조준점을 이동한다.

__ **발끝 내리막:** 탑핑 가능성이 크므로 볼 위치는 그냥 두더라도, 클럽을 평소보다 길게 잡으면서 공에 조금 다가서는 기분으로 선다→ 슬라이스가 나기 쉬우므로 왼쪽으로 오조준을 한다 → 폴로 스루 시 헤드업이 되지 않게 주의한다.

__ **왼발 오르막:** 정상적인 셋업 자세를 취하되 경사진 지면에 수직이 되도록 몸을 오른쪽으로 기울인다→ 체중이 따라가지 않아서 탑핑이 날 가능성이 크다 → 훅이 나기 마련이므로 오른쪽으로 조준점을 이동한다.

__ **왼발 내리막:** 정상적인 셋업 자세를 취하되 경사진 지면에 수직이 되도록 몸을 왼쪽으로 기울인다 → 팔만 내려오면 뒤땅 가능성이 크므로 셋업 위치를 살짝 왼쪽으로 옮긴다 → 슬라이스가 나기 쉬우므로 왼쪽으로 오조준을 한다 → 체중이 왼쪽에 실려 있음을 고려해 스윙 시 백스윙에 특별히 신경 쓴다.

무엇보다 각각의 경사가 혼합된 경우가 많으니 샷을 하기 전에 디봇을 내는 예비적인 샷을 해서 공의 위치(볼 포지션)를 발견하는 것이 좋다.

3. 벙커 샷, 당당히 맞서라.

벙커를 피하려고만 해서는 스코어를 줄이기가 어렵다. 벙커 샷이 어렵게 느껴지는 이유는 단지 경험은 부족하면서 모래의 저항을 지나치게 두려워하기 때문이다. 목표를 그저 탈출로 잡고 두 시간 정도 집중

적으로 연습하면 벙커 샷은 오히려 가장 허용오차 범위가 큰 쉬운 샷
이 된다.

○ 벙커 샷은 풀 스윙이다

일단 빈 스윙을 반복해 모랫바닥에 디봇이 만들어지는 지점을 파악하
고 그 디봇의 3분의 2가량 되는 지점에 공이 놓이도록 셋업을 한다.
이때 핵심은 자신감 있게 평소 하던 대로 풀 스윙을 하는 것이다. 벙커
에서는 공이 클럽에 맞아서 날아가는 것이 아니라 클럽이 걷어내는 모
래 파도에 실려 날아가므로 비거리가 현저히 짧아진다. 그런데 보내고
자 하는 거리가 짧다고 해서 스윙의 폭을 줄이거나 하면 스피드가 줄
뿐만 아니라 상대적으로 모래의 저항도 커져 비거리가 너무 줄어든다.

○ 3단계 소리로 거리를 조절한다

벙커 샷에서는 쓸 수 있는 클럽이 제한되어 있고, 풀 스윙을 해야 하므
로 헤드 스피드를 임의로 조정하여 거리를 조절한다. 클럽을 휘두를
때 나는 소리의 크기를 3단계 정도로 정해 그에 따른 거리를 파악해두
고 실전에서 각각의 상황에 맞추어 그 세 가지 중에서 하나를 골라 스
윙한다.

PART 6

보기 플레이어로 가는 다섯 가지 연습 습관

첫 번째,
프리 샷 루틴 없이는
연습도 없다

홍 대리는 오늘 구내식당에서 서둘러 점심을 마친 뒤 가까운 골프 연습장으로 향했다. 보통은 옥상에 올라가서 빈 스윙을 했지만, 이윤아 부장과 약속한 시점이 한 달 뒤로 다가온 만큼 그것만으로는 부족하다고 생각했기 때문이다.

"홍 대리님, 어디 가세요?"

막 회사 건물을 빠져나오는 홍 대리를 부른 것은 팀 후배 장충익이었다.

"어? 그냥 좀. 왜, 무슨 일 있어?"

"아니요, 식사하시고 나면 늘 옥상 가서 스윙 연습하셨잖아요. 그래서 그냥 궁금해서요."

"아…"

장충익까지 그런 사실을 알고 있다니 겸연쩍어진 홍 대리가 하는 수 없이 털어놨다.

　　"오늘은 연습장에 가서 해볼까 해서."

　　그러자 장충익이 반색을 하며 말했다.

　　"그럼 저도 같이 가면 안 될까요? 실은 며칠 있다가 거래처 몇 분이랑 골프 미팅이 있거든요."

　　장충익은 홍 대리와 비슷한 시기에 골프를 시작했지만, 그간 계속 연습장에서 레슨만 받다가 얼마 전에야 비로소 머리를 올렸다. 이후 몇 차례 필드에 나갔지만 스코어는 차마 말하기 창피한 수준이었다. 그런 장충익으로서는 한 달 만에 머리를 올리고 이제는 보기 플레이어를 넘보고 있는 홍 대리가 어떻게 연습을 하는지 궁금하지 않을 수 없었다.

●

　　'도대체 왜 저러지?'

　　장충익은 점심시간을 쪼개서 왔기 때문에 시간이 빠듯한데도 빈 스윙까지 꼬박꼬박해가며 느긋하게 샷을 하는 홍 대리가 도무지 이해가 되지 않았다. 자기가 네다섯 번 샷을 할 동안 홍 대리는 한 번 정도밖에 샷을 하지 않았다. 이를 곁눈으로 지켜보던 장충익이 답답한 나머지 말했다.

　　　　　　　　　　　　　　　　　　골프 천재가 된 홍 대리 2

"홍 대리님, 그렇게 여유를 부리시면 몇 번 쳐 보시지도 못하실 것 같은데…."

셋업 자세를 취하고 웨글을 하던 홍 대리가 고개를 들었다.

"아, 프리 샷 루틴을 하느라."

"프리 샷 루틴이요?"

홍 대리는 장충익에게 김헌 사부로부터 배운 그대로 프리 샷 루틴에 대해 알려주었다. 이야기를 모두 들은 장충익이 물었다.

"하지만 그런 건 필드에 나가서 할 때나 하면 되지 않을까요? 이렇게 연습장에 와서 공을 치는 건 실제 동작을 연습하려는 거잖아요."

"그게 그렇지가 않아. 집중과 몰입도 연습이 필요하거든. 그러니 평소에 연습할 때도 프리 샷 루틴을 습관화해야 해."

벙커 샷에 대해 가르쳐준 이후 김헌 사부는 홍 대리에게 이제부터는 혼자서 연습할 일만 남았다고 했다. 그리고 앞으로 홍 대리가 골프학교에 들를 때마다 연습 시 반드시 지켜야 할 지침 다섯 가지를 하루에 하나씩 이야기해주겠다고 했는데 그 첫 번째가 바로 '프리 샷 루틴 없이는 연습도 없다'는 것이다.

두 번째,
살아 있는 공을 쳐라

다음 날, 홍 대리는 다시 골프학교를 찾았고, 김헌 사부가 지켜보는 가운데 스윙 연습을 했다. 하지만 다음으로 배울 연습 지침이 궁금해서인지 통 집중이 되질 않았다. 결국, 공들은 표적 막의 한 지점으로 몰리지 않고 사방팔방으로 맞았다.

"쯧쯧, 무슨 잡생각을 하기에 공이 죄다 죽어 있구먼그래."

한참이 지나 김헌 사부가 인상을 찡그리며 말했다.

"네? 그게 무슨 말씀이신지…?"

"아무 목적도 의도도 담겨 있지 않으니 죽은 공이라고 할밖에."

그러고 보니 홍 대리는 오늘 생각이 딴 데 팔린 탓에 공의 방향성 따위는 전혀 안중에 없었다.

"프리 샷 루틴 과정에서 빈 스윙을 할 때 가상의 공이 원하는 곳으로 멋지게 날아가는 모습을 상상하라고 하지 않았나? 그렇게 어떤 방향으로, 얼마나 멀리 보낼 것인지 자네의 의지가 담길 때 비로소 살아 있는 공이 되는 걸세."

"살아 있는 공….."

홍 대리는 김헌 사부의 말을 되뇌었다.

"명확한 상상과 그에 대한 의지로부터 비로소 어떤 클럽을 택할 것인지, 어떤 스윙을 할 것인지가 결정되는 걸세. 단지 기계적으로 공을 쳐 내는 것 자체에 급급해서는 결코 원하는 결과를 얻을 수 없어. 이러한 태도는 골프를 넘어 삶의 이치이기도 해."

홍 대리가 고개를 갸웃거리자 김헌 사부가 말을 이었다.

"홍 대리 자네가 지금 보기 플레이어가 되려고 노력하는 이유는 결국 서진 양에게 떳떳한 사람이 되기 위한 것 아닌가? 그렇게 무언가를 이루기 위해 열정을 가지고 행동할 때 진정 살아 있다고 할 수 있지. 그와 같은 열정이 골프공에도 실려야 하는 걸세."

"아….."

"자, 오늘 알려줄 두 번째 연습 지침은 바로 살아 있는 공을 치라는 걸세."

세 번째,
연습에 있어 과식과 편식은
금물이다

"이게 뭔가요?"

며칠 후, 골프학교를 찾은 홍 대리에게 김헌 사부는 메모지 한 장을 내밀었다. 그 종이에는 손수 쓰고 그린 듯한 표가 하나 있었다.

"연습량 체크리스트라네. 석 달 안에 보기 플레이어가 되기 위해서는 스윙 연습을 하루에 얼마나 해야 한다고 했지?"

"풀 스윙 300번, 숏 게임 스윙 100번, 퍼팅 100번, 이렇게 500번이라고 말씀하셨습니다."

"잘 기억하고 있군. 이를 매일매일 지키고 있는지 그 메모지에 체크하란 말일세."

"하지만….."

홍 대리는 뭔가 개운치 않은 듯 조심스레 말을 꺼냈다.

"지난번에 제게 필요한 스윙 연습량을 말씀해주시면서 보기 플레이를 하기 위한 비거리도 알려주셨잖아요. 드라이버는 200m, 7번 아이언은 120m 이상 나와야 한다고요. 그런데 아이언은 이제 목표에 근접했는데 드라이버는 아직 들쑥날쑥하거든요. 그러니 지금 시점에서는 부족한 부분을 좀 더 집중적으로 연습하는 편이 낫지 않을까요?"

그러자 김헌 사부가 고개를 절레절레 흔들었다.

"이 친구, 내가 하는 이야기를 흘려듣는 모양이군그래."

"아, 아닙니다. 어떤 말씀 때문에 그러시는지요?"

"모든 샷은 똑같이 중요하다고 한 이야기 말일세. 지금 자네가 아이언 실력이 향상된 건 그만큼 연습을 하고 있기 때문이야. 연습을 덜 하면 또 금세 줄게 마련이야. 각각의 연습을 지금 하는 만큼 유지하되 드라이버 연습을 늘리면 모를까 다른 스윙의 연습량을 줄여가며 한 가지에 집중하는 것은 어리석은 일일세. 요컨대 편식 연습은 금물이야."

"그럼 지금 제 상황에서는 다른 스윙 연습은 현재 양만큼 하면서 드라이버 스윙 연습을 강화해야겠군요."

"하지만 지나치게 욕심을 부리지는 말아야 해. 연습에 있어 편식만큼이나 피해야 하는 게 과식이거든. 스윙은 몰아쳐서 연습한다고 단기간에 향상될 수 있는 게 아닐세. 그보다는 꾸준히 해야지. 특히 드라이버 풀 스윙처럼 동작이 큰 운동을 과하게 하면 몸

	월	화	수	목	금	토	일
드라이버 풀스윙							
아이언 풀스윙							
패어웨이우드 풀스윙							
숏게임 스윙							
퍼 팅							

에 무리가 와 오히려 역효과가 날 수도 있어."

"그렇겠군요."

"정해진 양을 골고루 매일같이 꾸준히 해나가는 게 정답이네. 즉, 오늘 자네가 배운 세 번째 메시지는 골프 연습은 과식도 금지, 편식도 금지라는 걸세."

네 번째,
스윙은 연구 대상이 아니다

－사악… 딱!

매트를 스친 클럽이 공에 맞으며 경쾌한 소리가 났다. 홍 대리는 오늘도 퇴근 후 골프학교에서 스윙 연습을 하고 있었다. 하지만 그 경쾌한 타격음과는 달리 그의 표정은 밝지 않았다. 얼마 전 김헌 사부로부터 살아 있는 공을 쳐야 한다는 연습 지침을 배운 이후 명확한 목표 지점에 좀 더 신경 쓰며 스윙 연습을 하다 보니 자기가 친 공이 자기 의도와는 달리 늘 약간 오른쪽으로 날아간다는 것을 알게 되었기 때문이다.

'흠, 자꾸 슬라이스가 나는 걸 보니 동작 어딘가에 뭔가 문제가 있는 게 분명한데 말이야….'

홍 대리는 구분 동작을 취하며 그때마다 자세를 점검해보았다.

골프 천재가 된 홍 대리 2

그 모습을 지켜보던 김헌 사부가 홍 대리에게 물었다.

"왜 그러나?"

"아, 사부님, 자꾸 방향이 틀어지기에 어디가 잘못됐는지 찾는 중이었습니다."

홍 대리의 대답에 김헌 사부는 어이없다는 듯 말했다.

"자네가 무슨 스윙 박사인가? 스윙 연구를 하고 말이야."

"그, 그건 아니지만 그래도 원하는 방향으로 공을 보내려면 문제점을 찾아내야겠기에…."

홍 대리가 쭈뼛거리자 김헌 사부가 설명했다.

"아마추어 골퍼가 스윙 연습을 하는 가장 큰 목적은 자기가 쳐내는 공의 경향성과 산포도를 파악하는 거야. 자기가 원하는 방향으로 날아가지 않는다 해도 일정하게만 빗나가면 오케이야. 그럼 그 방향으로 조준점을 이동하면 되니 말이야. 그런데 자세를 고치겠답시고 이것저것 신경 쓰다 보면 산만해져서 오히려 스윙 동작이 어색해지지. 그럼 샷이 제대로 될 리 없지 않겠나?"

"정확한 의도를 가지고 스윙을 반복하면서 타구의 일관된 방향성과 산포도를 파악하는 게 우선이란 말씀이시군요."

"그렇지. 자, 고로 네 번째 연습 지침은 바로 스윙을 연습하되 연구하지 말라는 걸세."

다섯 번째,
잘 안 맞거든 일단 쉬어라

"헉헉…"

연습 편식은 금물이라는 가르침을 받은 홍 대리는 오늘 골프학교를 찾아 그간 소홀했던 페어웨이우드 샷을 연습했다.

아니나 다를까 드라이버나 아이언보다 스윙 동작이 자연스럽게 이루어지지 않고 날아가는 공의 일관성도 현저히 떨어졌다. 그래서 체크리스트의 빈 스윙 연습량을 채우고도 벌써 몇 시간째 페어웨이우드 스윙을 반복하고 있었다.

"자네, 무슨 중노동이라도 하는 겐가?"

잠시 자리를 비웠다 들어온 김헌 사부가 땀을 뻘뻘 흘리고 있는 홍 대리에게 물었다.

"아, 사부님. 다름이 아니라 페어웨이우드가 유독 잘 안 돼서요."

"쯧쯧, 편식도 금물이지만 과식도 금물이라고 했거늘."

"그래도 일단 제대로 된 감을 찾아야 할 것 같아서요. 이 상태로 연습을 그만두면 오늘 연습한 게 아무 소용이 없지 않을까요?"

"계속 미스가 나고 일관된 스윙이 되지 않을 때는 다 이유가 있게 마련이지. 그럼 무작정 계속 연습할 게 아니라 휘두를 때 소리가 잘 나는지, 사용하는 클럽과 공의 위치를 고려해 셋업이 제대로 되었는지, 공에 명확한 의도를 담고 있는지 등을 차근차근 살피는 걸세. 그럼 대개는 샷이 나아지지."

홍 대리는 김헌 사부의 말대로 그간 배운 내용을 제대로 실천하고 있는지 점검하며 수차례 스윙을 해보았다. 하지만 그런데도 그의 스윙은 나아질 기미를 보이지 않았다.

"휴…. 그래도 마찬가지네요."

"흠, 어쩔 수 없군. 오늘은 그만 돌아가게."

"네? 그래도 문제가 무엇인지는 알아야 할 것 같은데…."

"지금 상태로 연습하는 것은 오히려 독이 된다네. 우리 몸은 굿샷을 내는 스윙이든 미스가 나는 스윙이든 많이 하는 스윙을 기억하게 마련이거든. 그러니 엉망인 스윙을 많이 하면 많이 할수록 악순환이 일어나게 마련이지."

'몸이 기억한다고?'

그러고 보니 예전에 신문에서 '머슬 메모리'라는 것에 관한 기사를 본 적이 있었다. 머리만이 아니라 근육 등의 신체도 일정한 동작을 반복하면 이를 기억한다는 것이 그 골자였다.

"자, 어서 돌아가고, 오늘 배운 다섯 번째 메시지를 꼭 명심하게나."

"다섯 번째 메시지요? 아직 말씀해주지 않으셨는데….”

"이 친구 눈치가 젬병이군. 스윙이 잘 안 되고 공이 잘 안 맞으면 일단 쉬어야 한다는 걸 배우지 않았나.”

"아….”

"만약 오늘 100개의 공을 쳐서 거의 다 잘 맞았다고 내일도 그 샷이 나올까?”

"그렇지 않겠죠.”

"미스 샷도 마찬가지네. 오늘 잘 안 맞았다고 내일도 그렇지는 않을 것이니 염려 말게.”

"아, 그렇겠네요!”

"자, 이걸로 연습 지침 다섯 가지를 모두 알려주었으니 보기 플레이어가 되는 데 있어 내가 해줄 수 있는 것은 여기까지일세. 이윤아 부장과 약속한 때까지 얼마나 남았지?”

홍 대리가 한숨을 내쉬며 말했다.

"이제 보름 정도밖에 남지 않았습니다.”

"그 안에 보기 플레이어가 되느냐 마느냐는 이제 온전히 자네의 몫이야. 하지만 약속하네만 지금까지 내가 가르쳐준 것들을 충실히 실천하기만 한다면 반드시 목표를 이룰 수 있을 걸세.”

골프 천재가 된 홍 대리 2

PART 7

홍 대리, 골프로
인생의 전기를 맞다

스코어를 줄이는
일곱 가지 라운드 습관

제대 후 복학 준비를 하며 편의점에서 아르바이트하는 홍 대
리의 동생 홍기환이 늦은 시간에 퇴근해 집에 돌아왔다. 지방 대
학에 다니는데 복학 전까지는 홍 대리와 한방을 쓰는 상황이었다.
방에 들어서자 자정이 지난 시간임에도 불구하고 홍 대리는 컴퓨
터 앞에 앉아 무언가에 열중하고 있었다.

"아직 안 잤어?"

"왔어? 뭐 좀 알아볼 게 있어서. 먼저 자."

기환이 옷을 갈아입으며 홍 대리의 어깨너머로 보니 컴퓨터 화
면에는 골프장 전경이 나타나 있었다.

"뭘 보고 있는 거야? 내일 또 골프장 가?"

"어, 처음 가보는 골프장이라서 코스 좀 미리 확인해두려고."

"주말인데 거래처 사람들이랑 미팅이라도 있는 거야?"

기환의 질문에 홍 대리가 진지한 표정으로 말했다.

"아니, 그보다 훨씬 더 중요한 약속이야."

지난 보름간 홍 대리는 혼자서 골프학교와 행복골프훈련소를 오가며 맹연습을 했고, 이윤아 부장에게 내일 라운드를 함께할 것을 청했다. 드디어 석 달 만에 보기 플레이어가 되겠다는 약속을 지켜야 할 때가 온 것이다.

●

다음 날 아침, 홍 대리는 이윤아 부장 집을 향해 차를 몰았다. 홍 대리 차로 함께 골프장으로 이동하기로 했기 때문이다.

"부장님, 안녕하세요. 댁 앞에 와 있습니다. 지금 내려오시겠어요?"

홍 대리는 이윤아 부장이 사는 아파트 앞에 차를 대고 전화를 걸었다. 잠시 후 이윤아 부장이 골프 가방을 짊어 메고 내려오자 앞에서 기다리던 홍 대리가 이를 받아 트렁크에 실었다.

"홍 대리, 이것 좀 틀어줄래요?"

차에 올라탄 이윤아 부장이 USB를 하나 건네며 이야기했다.

골프 천재가 된 홍 대리 2

▶ 연습장에서의 좋은 연습 방법

USB를 재생하자 귀에 익은 클래식 음악이 흘러나왔다.

"즐겨 들으시는 음악인가 봐요?"

"아, 딱히 그런 건 아닌데 골프장에 갈 때는 클래식 왈츠 음악을 꼭 챙겨 듣거든요. 라운드 전에 마음을 최대한 안정시키면서 리듬감을 유지하려고요."

"아…."

홍 대리는 라운드를 위해 이렇게까지 준비를 하는구나 싶어 감탄하며 고개를 끄덕였다.

"한 번의 샷을 위한 준비 과정으로서 프리 샷 루틴이 있듯이 라운드 자체를 위한 프리 라운드 루틴도 필요한 법이에요. 그리고 프리 샷 루틴이 클럽을 골라 타석으로 이동하는 것에서부터 시작하듯이 프리 라운드 루틴은 이렇게 골프장으로 출발하면서부터 시작되는 거죠. 이게 바로 김헌 사부님께서 이야기하시는 스코어를 줄이는 라운드 습관 중 첫 번째죠."

"스코어를 줄이는 라운드 습관이요? 그런 게 있나요?"

"아, 아직 그 이야기는 안 해주셨나 보네요. 오늘 해주시려고 하셨나?"

"네? 그게 무슨 말씀이신지?"

"아, 사부님께서 이야기하신 줄 알았는데? 오늘 김헌 사부님도 함께 라운드하시기로 했어요. 며칠 전에 홍 대리랑 같이 골프장에 간다고 했더니 그간 애써 가르친 보람이 있는지 직접 확인해야겠다고 하시더군요."

"아, 네."

그 말에 홍 대리는 갑자기 부담이 두 배는 더 커졌다.

●

이윤아 부장과 홍 대리가 골프장에 도착해보니 김헌 사부가 먼저 도착해 주차장에서 그들을 기다리고 있었다.

"아, 사부님. 일찍 오셨네요."

"나도 방금 왔네."

"사부님, 그럼 이제 들어가시죠."

"잠깐 기다려 보게. 내 동행이 한 명 있으니 말이야. 내 목이 타서 자판기에서 음료수 좀 뽑아오라고 시켰지."

"누가 또…?"

"아, 저기 마침 돌아오는군."

김헌 사부의 눈길이 향한 쪽을 돌아본 홍 대리는 아연실색했다. 음료수를 양손에 든 채 눈인사를 하는 윤서진이 눈에 들어왔기 때문이다. 옆에서 그 모습을 본 김헌 사부가 나직이 말했다.

"이 친구, 놀라긴. 오늘 같은 날 이번 사건의 주인공이 빠질 수야 없잖은가?"

하지만 그간 몇 번을 회사까지 찾아가 만나려고 했지만 피하기만 했던 윤서진이 오늘 골프장에 모습을 드러낸 것은 너무도 뜻밖의 일이었다.

"서, 서진 씨."

홍 대리가 일행에 합류한 윤서진에게 인사를 건넸지만, 그녀는 그를 스치듯 바라봤을 뿐 별다른 대꾸 없이 김헌 사부와 이윤아 부장에게만 인사를 건넸다. 홍 대리는 그런 윤서진의 속내를 도대체 알 수가 없었다.

●

홍 대리 일행은 우선 드라이빙 레인지에서 풀 스윙을 하며 몸을 풀고, 다음으로는 연습 그린으로 이동해 퍼팅 연습을 하며 그린 속도에 적응하는 시간을 보냈다. 이 또한 아까 이윤아 부장이 이야기했던 프리 라운드 루틴의 일부라 할 만한 것이었다.

곧이어 파4인 첫 번째 홀에 도착해 순서를 정하기 위한 뽑기를 한 결과 김헌 사부, 홍 대리, 이윤아 부장, 윤서진 순이었다.

이윤아 부장, 윤서진과 함께 농담을 주고받던 김헌 사부는 캐디로부터 드라이버를 건네받자 갑자기 표정이 싸늘히 식었다. 일행들도 그 분위기에 압도되어 숨을 죽이게 될 정도였다. 그러고는 깊게 호흡을 하며 타석으로 이동하는 것을 시작으로 천천히 프리 샷 루틴을 거쳤다. 이를 지켜보던 이윤아 부장이 홍 대리의 귀에 대고 나직이 속삭였다.

"이미 많이 들었겠지만 프리 샷 루틴의 중요성은 몇 번을 강조해도 부족해요. 연습 때는 잘 하다가도 정작 실전에서는 긴장한 나머지 프리 샷 루틴 따위는 안중에 없어지기도 하거든요. 스코어를 줄이는 라운드 습관, 두 번째는 바로 프리 샷 루틴을 반드시 지키라는 거예요."

그 순간, 김헌 사부가 샷을 했다.

– 따악!

"와!"

그러고 보니 홍 대리가 실제 필드에 나와서 김헌 사부의 샷을 본 것은 이번이 처음이었다. 바람을 가르며 쭉쭉 뻗어 날아가는 그의 드라이버 샷은 언뜻 보기에도 이제껏 함께했던 여느 동행들의 샷과는 차원이 달랐다.

이제 드디어 홍 대리의 차례였다. 오늘 라운드의 주인공은 누가 뭐래도 바로 홍 대리였기 때문에 일행의 시선이 유독 집중되었다. 게다가 김헌 사부, 윤서진까지 가세해 그를 지켜보고 있으니 홍 대리는 뛰는 가슴을 주체하기가 어려웠다.

드라이버를 들고 타석에 들어서기는 했지만 홍 대리는 도저히 스윙할 수가 없었다. 이렇게 가슴이 두근대고 긴장된 상태에서 스윙했다가는 샷이 엉망이 될 게 불을 보듯 뻔했기 때문이었다.

"으흠."

　　　　　　　　　골프 천재가 된 홍 대리 2

이제는 캐디까지 헛기침하며 눈치를 주자 홍 대리도 더는 버틸 수가 없었다. 그렇게 울며 겨자 먹기로 백스윙을 했을 때였다.

"잠깐!"

홍 대리의 스윙을 제지한 것은 다름 아닌 김헌 사부였다. 그러고는 홍 대리에게 다가온 그는 나지막한 목소리로 말했다.

"무작정 질질 끌어서는 안 되지만 그렇다고 그렇게 무턱대고 쳐서는 분명 미스가 나고 말 거야. 오늘 라운드 결과가 자네 인생의 한 기점이 될 수 있는 판에 그래서야 쓰겠나."

"하…. 하지만 도저히 진정이 되지 않습니다."

"지금 자네 맥박이 빨라지고 진정되지 않는 건 결국 마음이 뒤흔들리고 있기 때문일세. 감정과 신체는 결국 함께 가는 걸세. 하지만 그 말은 역으로 자네 의지로 신체를 조절함으로써 감정을 변화시킬 수도 있다는 것을 의미하지. 이때 가장 유용한 게 바로 호흡 조절이라네. 열 번 정도 깊게 숨을 내쉬며 의식적으로 호흡을 가다듬는 것만으로도 한결 마음이 차분해질 수 있다네."

홍 대리는 김 사부의 말대로 일행들이 던지는 시선에 관한 관심을 끊으려고 노력하며 심호흡을 반복했다. 그러자 이내 놀랍게도 서서히 몸의 긴장이 풀리기 시작했다.

"사부님, 이제 스윙을 할 수 있을 것 같습니다."

"그래, 그럼 프리 샷 루틴에 특별히 신경 써서 시작하게."

"후…."

셋업, 웨글, 빈 스윙에 걸친 사전 단계를 지나 마침내 홍 대리는 공에 맞추어 다시 셋업을 취했다. 이로써 다행히 연습 때와 같은 평정을 되찾을 수 있었다.

– 딱!

'그래, 이거야!'

클럽에 공이 맞는 감에서 홍 대리는 이미 결과를 확신할 수 있었다. 공은 홍 대리가 원했던 방향에서 큰 오차 없이 주욱 날아갔다.

"흠, 딱 보기에도 200m는 날아간 것 같은데요. 시작이 좋네요."

이윤아 부장이 대견하다는 표정으로 말했다. 그리고 별 미스 없이 이어진 두 번째 샷으로 공을 그린에 올렸고, 세 번의 퍼팅으로 홀인원 함으로써 첫 홀에서 보기를 기록했다.

두 번째 홀로 이동하는 동안 이윤아 부장이 홍 대리에게 말했다.

"좀 전에 몸소 체험했겠지만, 실전에서는 같은 상황이라도 스크린골프장이나 연습장보다 긴장의 강도가 훨씬 더 심해요. 따라서 이를 완화하기 위해서는 호흡에 특별히 신경을 써야 하죠. 그래서 사부님이 말씀하시는 스코어를 줄이는 라운드 습관 중 세 번째는 바로 늘 호흡을 점검하라는 거예요."

●

전반 9홀이 지나간 상황에서 홍 대리의 스코어는 46타였다. 첫

골프 천재가 된 홍 대리 2

번째 홀에 이어 여섯 번째까지 쭉 보기를 기록했지만 일곱 번째와 여덟 번째 홀에서 더블보기를 내는 바람에 위기가 찾아왔고, 그나마 아홉 번째 홀에서 파를 함으로써 다행히 한 타를 만회했다. 일행은 다음 홀로 가는 길목에 있는 그늘집으로 향했다.

"사부님, 뭐 좀 드셔야죠."

이윤아 부장이 김헌 사부에게 물었다.

"난 따뜻한 두유랑 삶은 달걀 하나 먹으면 될 것 같은데."

이윤아 부장과 윤서진도 요기만 될 만한 간단한 메뉴를 주문했다. 하지만 홍 대리는 라면에서부터 설렁탕까지 메뉴가 빼곡한 차림표를 여태 살피고 있었다.

"전 설렁탕으로 먹을게요."

점심때가 지난 데다 워낙 긴장했던 터라 홍 대리는 허기를 가눌 길이 없었다.

그러자 김사부가 손을 내밀어 절레절레 흔들었다.

"안 돼, 안 돼. 정 배고프거든 샌드위치나 하나 먹게."

"하지만 아직 아홉 홀이나 남았는데…."

"포만감이 느껴질 만큼 식사를 하면 혈액이 위로 다 모여서 집중도가 현저히 떨어져. 왜, 공부할 때도 배가 부르면 어디 글이 제대로 눈에 들어오던가? 그게 다 음식을 소화하는 데 에너지가 쓰이면서 정신이 산만해지기 때문이야. 그러니 제대로 된 식사를 하려거든 적어도 라운드를 시작하기 한 시간 전에 먹어야 해."

홍 대리가 고픈 배를 부여잡으며 말했다.

"그래도 이렇게 허기가 져서는 도저히 라운드를 더 돌 수 없을 것 같습니다."

"일단 간단하게 요기를 하고 라운드를 도는 틈틈이 물을 마시게. 물은 허기를 달래는 역할뿐 아니라 해열 효과도 있어 긴장을 덜어주지. 그래도 허기가 지면 초콜릿이나 바나나 같은 것을 조금씩 드시게."

"아, 그렇군요. 그래서 중계방송을 보면 프로들이 뭔가 조금씩 먹는군요. 그럼 이것도 혹시 스코어를 줄이는 라운드 습관 중 하나인가요?"

"허허, 이윤아 부장에게 들은 모양이군. 그래, 맞네. 물을 많이 마시는 게 바로 스코어를 줄이는 라운드 습관 중 네 번째라네."

●

이어진 후반 열 번째, 열한 번째에서 홍 대리는 모두 보기를 기록했다. 그리고 파5인 열두 번째 홀에서 세 번째 샷을 할 때였다.

30m 정도밖에 남아 있지 않았기 때문에 곧장 그린을 공략할 수 있을 만한 거리긴 했지만, 오른쪽 바로 옆에 벙커가 있었다. 사실 평소 스윙대로만 한다면 벙커에 공을 빠트릴 만큼 방향이 어긋날 일은 없겠지만 그래도 만일을 대비해 홍 대리는 홀 왼쪽으로

골프 천재가 된 홍 대리 2

겨냥을 하기로 했다. 그렇게 마음을 먹고 셋업을 하는 홍 대리에게 김헌 사부가 물었다.

"자네, 지금 그린 왼쪽으로 공을 보낼 요량인가?"

"아? 네, 아무래도 오른쪽에 있는 벙커가 신경 쓰여서요."

"이 친구, 하나만 알고 둘은 모르는구먼."

"그게 무슨 말씀이신지…."

"자, 저기 그린 상태를 잘 보게. 오른쪽은 평지이지만 왼쪽은 내리막 아닌가? 어지간해서는 벙커에 빠질 일이 없을 텐데 왜 군이 경사진 곳으로 공을 보내 퍼팅을 어렵게 만들려고 하느냐는 말일세."

"아, 그렇군요."

"자네, 내가 일전에 해준 무기의 불완전성을 전략으로 커버하는 게임이라는 말 기억 안 나나?"

"생각납니다."

"스윙의 완성도가 떨어지는 하수일수록 작전을 잘 짜야 해. 그렇지 않고서야 어떻게 스코어를 줄일 수 있겠나? 일단 미리 코스를 잘 파악한 후에 자기 샷에 맞는 전략을 수립함으로써 타수를 최소화할 수 있는 걸세. 이 또한 스코어를 줄이는 데 필요한 핵심적인 라운드 습관이라네."

홍 대리는 김헌 사부의 충고대로 오른쪽 벙커에 아랑곳하지 않고 오른쪽 평지로 자신 있게 샷을 날려 온그린에 성공했고, 단 한 번의 퍼팅으로 홀 아웃 하여 오늘 라운드에서 처음으로 버디를 기록했다. 그리고 다음 홀로 이동하며 조금 전에 배운 가르침을 되뇌었다.

'스코어를 줄이는 라운드 습관 다섯 번째, 하수일수록 전략으로 골프 하라!'

●

홍 대리는 이어진 두 홀에서 보기를 기록했지만, 그다음 두 홀에서는 연달아 더블보기를 냈다. 이로써 두 홀을 남겨놓은 상황에서 스코어는 81타였다. 오늘 보기 플레이를 기록하기 위해서는 이제 남은 두 홀에서 9타 안에 승부를 봐야만 했다. 이는 결코 만만한 일이 아니었다.

그런데 파4인 열일곱 번째 홀에서 홍 대리는 티샷에서 러프에 공을 빠뜨리는 미스를 범해 한 타를 손해 보고 말았다. 두 번째 샷에서 가까스로 페어웨이에 올리기는 했지만, 홀까지는 아직 상당한 거리가 남아 있었다.

일반적으로는 캐디가 남은 거리를 파악해 알려주지만, 오늘 홍 대리는 골프 대회를 대비해 직접 구매한 거리 측정기로 거리를 가늠하고 있었고, 아직 장비를 다루는 데 서툴러 지난 홀들에서 몇 번이나 거리 측정을 잘못해 낭패를 보았다.

골프 천재가 된 홍 대리 2

홍 대리는 이번 샷도 대략 봤을 때는 숏게임 샷을 해야 할 것 같기는 했지만 어떤 클럽 선택을 써야 할지는 망설여졌다. 같은 스윙이라도 클럽에 따라 10~20m씩 차이가 생기기 때문이었는데, 자칫 잘못 판단하여 이번 샷에서 온그린하지 못했다가는 더블보기 이상으로 타수가 늘 수도 있는 상황이었으므로 오늘 라운드에서 최고의 위기라 할 만했다.

"무슨 문제라도 있는 겐가?"

홍 대리가 머뭇거리자 김헌 사부가 물었다.

"거리 측정기를 사용하는 것이 생각만큼 쉽지가 않네요. 벌써 몇 번 실수해서 그런지 더 불안한 것 같아요."

"거리 측정기에만 의존하려고 드니 그런 걸세."

"그럼 어떻게 해야 할까요? 자로 잴 수도 없는 노릇이고…."

"자로 할 수는 없어도 재 볼 수는 있지."

홍 대리는 고개를 갸우뚱하며 김헌 사부의 이어질 말을 기다렸다.

"직접 걸어 보면 되지 않겠나? 한 걸음이 보통 70cm 정도 되니까 걸음 수로 환산을 하면 되지."

"하지만 매번 그렇게 했다가는 라운드가 너무 지연되지 않을까요? 지금만 해도 여기에서 홀까지 다녀오려면 한참이 걸릴 텐데."

"될 수 있으면 끝까지 갔다 오면 좋겠지만 그게 무리일 때는 4분의 1이든 반절이든 여건이 허락하는 만큼만 걸어봐도 전체 거리를 가늠하는 게 한결 수월해진다네."

김헌 사부의 이야기를 들은 홍 대리는 이미 샷이 많이 지연된 상황이었으므로 일행과 캐디에게 양해를 구한 후 홀을 향해 발걸음을 내디뎠다. 대략 1/4가량 걸어 보았다니 PW로 머리 높이 샷을 하면 될 만한 거리라는 확신이 들었다.

이 판단은 적중했다. 홍 대리는 이 세 번째 샷으로 온그린에 성공했고 두 번의 퍼팅으로 홀아웃함으로써 열일곱 번째 홀을 보기로 마감했다.

"휴."

안도의 한숨을 내쉬는 홍 대리에게 김헌 사부가 이야기했다.

"꼭 대회가 아니더라도 캐디가 알려주는 거리가 정확하지 않은 경우도 많아서 그에만 의존해서는 안 된다네. 그러니 거리 표지 말뚝을 살펴보기도 하고 거리 측정기를 활용하는 것인데 그것만이 아니라 스스로 거리를 헤아릴 수 있는 능력도 키워야 하네. 명심하게. 그린 주변 샷이나 퍼팅을 할 때는 더욱 중요한 습관이네 스코어를 줄이는 라운드 습관 중 여섯 번째는 바로 눈이 아니라 발을 믿으라는 걸세."

●

드디어 파3인 마지막 홀에 이르렀다. 현재까지 스코어는 86타로 이번 홀에서 보기 이상으로 타수가 늘었다가는 보기 플레이 스코어는 물 건너가는 상황이었다. 티샷하기 위해 타석에 들어선 홍 대리의 고민은 최고조에 이르렀다.

'적어도 보기를 해야만 하는데, 그래도 이번 파3 홀은 189m밖에 안 되는 비교적 쉬운 코스라 다행이야. 몇 번 미스가 있기는 했지만, 오늘 전반적으로는 드라이버 샷 감이 좋은 편이니까 일단 티샷으로 온그린하고 퍼팅만 잘 맞으면 파도 충분히 가능해. 그래, 마지막 홀을 파로 멋지게 장식하는 거야!'

그렇게 결심한 홍 대리는 티를 꽂고 홀을 향해 타석에 자리를 잡았다.

"쯧쯧, 또 힘이 잔뜩 들어가 있구먼그래. 게다 조준 방향을 보니 한 번에 그린에 올리려는 모양이군."

"아, 네. 이 정도 거리면 아마 충분히⋯."

"자네 눈에는 직선 경로 중간에 있는 워터해저드와 그린 뒤쪽의 러프가 보이지 않는 겐가? 혹여 비거리가 짧아 워터해저드에 빠져 한 타를 날릴 수도 있고, 반대로 너무 길면 러프에서 헤매게 될 수도 있는데 말이야."

"그렇기는 하지만 적어도 네 번 안에는 홀 아웃해야 하니까 조금 무리를 할 수밖에 없지 않을까요?"

"자네 말대로 네 번이면 이번 홀은 파3이니 어쨌든 한 타 여유가 있지. 그럼 해저드와 벙커의 위험을 피해 일단 오른쪽 페어웨이로 공을 보내고 두 번째 샷으로 온그린시키는 편이 현실적으로 더 수월하지 않겠나?"

하지만 홍 대리는 원래 계획에 대한 미련을 아직 버리지 못한 표정이었다.

"스코어는 욕심부린다고 해서 절대 향상되지 않아. 자신의 실력을 객관적으로 판단하고 이를 고려해서 되도록 실수를 줄이려고 노력할 때 비로소 스코어가 개선되지. 보기 플레이어를 꿈꾸는 수준의 실력으로 파를 노리는 건 그야말로 욕심일 뿐이야. 오히려 더블보기를 하지는 않겠다는 태도로 게임에 임해야 하네. 보기 플레이어에게 파는 하늘이 주는 선물이고, 싱글 플레이어에게 버디는 반가운 손님 같은 거거든. 내가 마지막으로 가르쳐줄 스코어를 줄이는 라운드 습관은 바로 늘 겸허한 마음으로 임하는 것일세."

결국, 홍 대리는 김헌 사부의 조언대로 오른쪽 페어웨이를 향해 셋업을 고쳐 잡았다. 벙커도 해저드도 없는 쪽으로 조준하는 것만으로도 한결 마음이 편해지는 것을 느꼈다.

─따악!

그렇게 차분한 상태에서 스윙한 만큼 공은 거의 오차 없이 홍 대리가 목표로 했던 지점에 떨어졌다. 그리고 이제 남은 거리가 얼마 안 되는 데다 경사 없이 지면 상태가 아주 좋아서 홍 대리는 가뿐하게 두 번째 샷을 했고, 그 결과 공은 홀에서 3~4m 거리까지 근접했다. 목표인 보기 타수까지는 두 번의 여유가 있었지만 한 번의 퍼팅으로도 얼마든지 홀 아웃이 가능할 만했다. 홍 대리는 퍼터를 꺼내 들고 공이 떨어진 곳으로 천천히 이동하면서 호흡을 가다듬었다.

"홍 대리, 골프화를 벗게."

뒤에서 따라오던 김헌 사부는 홍 대리에게 말했다.

"골프는 여느 스포츠처럼 인간 대 인간이 승부를 가리는 것이 아니라 자연과 함께하는 게임이지. 그런 만큼 이기고 지는 것을 떠나 욕심과 오만을 버리고 겸허한 자세로 임하는 게 중요하다네. 맨발로 잔디를 밟고 서 보면 더욱 자연과 가까워짐을 느낄 수 있을 걸세."

골프화와 양말을 벗고 그린에 올라서자 잔디의 폭신하면서도 까칠한 감촉이 발바닥을 통해 전달됐다. 홍 대리는 거리 확인 차 맨발 그대로 한 발 한 발 홀까지 걸었고, 그린의 미세한 경사가 느껴졌다. 게다가 김헌 사부의 말대로 이제껏 느껴보지 못했던 상쾌한 자연의 기운이 온몸에 퍼지는 것 같았다.

다시 자리로 돌아온 홍 대리는 크게 호흡을 들이쉬었다 내쉰 후 셋업 자세를 잡았다. 그리고 남은 거리를 고려해 한 걸음을 뺀 백스윙을 해 공을 부드럽게 굴렸다.

홍 대리는 물론이고 김헌 사부를 비롯한 일행은 숨을 죽인 채 그 공에 시선을 모았다. 공은 다행히 홀을 향해 똑바로 굴러가기는 했지만, 힘이 덜 실렸는지 점점 구르는 속도가 줄었다. 홀 바로 앞에 와서는 거의 멈출 듯 멈출 듯 힘을 잃어갔다.

'조금만 더! 조금만 더!'

다급해진 홍 대리는 자신의 공에게 그렇게 소리 없는 응원을 보냈다. 하지만 가까스로 홀의 가장자리에까지 이른 공은 이제 거의 움직임을 잃은 듯 보였다.

– 땡그랑!

홍 대리가 거의 단념하다시피 한 그 순간, 공이 마침내 홀 안으로 빨려 들어간 것이다.

"와!"

"홍 대리, 나이스 샷!"

홍 대리는 탄성을 금치 못했고, 일행들은 열렬한 환호를 보냈다. 마지막 홀에서 뜻하지 않게 파를 기록했을 뿐만 아니라 최종 스코어 89타로 그토록 염원했던 보기 플레이를 달성한 것이다.

"홍 대리, 이제부터가 진짜 시작이에요. 철강인 골프 대회가 이제 한 달밖에 안 남았잖아요?"

박수를 보내던 이윤아 부장이 홍 대리에게 이야기했다.

"그럼 제가 정말…?"

"그럼요, 워낙 시간이 촉박했던 터라 홍 대리가 정말 해낼 수 있을지 반신반의하기는 했지만 어쨌든 약속은 약속이니까요. 사실은 이미 철강인 골프 대회 참가자 결정권을 쥔 임원진들에는 잠정적으로 허락을 받아놓은 상태예요. 오늘 라운드 결과에 따라 최종 결정을 내리기로 했으니까 이제 홍 대리가 참가자로 확정된 거나 다름없어요."

"가, 감사합니다. 부장님!"

●

라운드를 마친 홍 대리 일행은 짐을 챙겨 주차장으로 향했다. 홍 대리가 이윤아 부장의 골프 가방을 차에 실으려고 하자 이윤아 부장이 손사래를 치며 말했다.

"아니에요, 홍 대리. 전 사부님 차 타고 갈게요."

"네? 아니 왜…."

"홍 대리는 서진 씨 태우고 가야죠. 서진 씨 그렇게 할 거죠?"

홍 대리가 어리둥절해 윤서진을 바라보자 그녀는 뜻밖에도 순순히 수줍은 표정으로 고개를 끄덕였다.

이윤아 부장을 태운 김헌 사부의 차가 먼저 시동을 걸고 출발했고, 그 와중에 김헌 사부는 차창 밖으로 고개를 내밀고 외쳤다.

"서진 양 잘 데려다주고 골프학교로 오게. 오늘 자네 플레이하는 걸 보니 한 가지 가르쳐줄 게 생겼어."

"네? 아, 예."

주차장에 덩그러니 남은 홍 대리, 윤서진 두 사람 사이에 잠시 어색한 침묵이 흘렀다.

"서진 씨, 그럼 차에 타세요. 골프 가방은 제가 트렁크에 실을게요."

윤서진은 잠시 주저하다 말없이 차에 올랐다.

•

주말 저녁 시간 고속도로는 귀경 차들로 북적댔다. 가다 서기를 반복하느라 벌써 두 시간 이상 지났지만 두 사람 사이에는 단한 마디의 대화도 없었다. 홍 대리는 그간 그를 계속 피하기만 하던 그녀가 오늘 라운드에 나온 이유를 묻고 싶었지만 윤서진의 새치름한 표정을 보니 먼저 이야기를 꺼내기가 어려웠다.

이제 막 서울 시내로 진입했을 즈음, 그 침묵을 먼저 깬 것은 윤서진이었다.

"그동안 연락 피해서 미안해요."

"아, 아닙니다. 그날 스크린골프장에서 제가 멋대로 그런 짓을한 게 잘못이죠. 제가 잠깐 정신이 나갔었나 봐요. 아직 그럴 만한사이가 아닌 줄 알면서도 서진 씨 마음을 확인하고픈 마음에 그만…."

그러자 윤서진이 황급히 홍 대리의 말을 끊었다.

"아니에요. 기덕 씨에 대한 제 마음도 진심이에요. 다만 너무갑작스러워 당황스럽기도 했고 또…."

윤서진은 부끄러운 표정으로 잠시 숨을 가다듬었다.

"우리 첫 키스를 그렇게 해버렸다는 게 화가 났을 뿐이에요."

홍 대리는 어안이 벙벙해 아무 대꾸도 할 수 없었다.

"사실은 저도 기덕 씨에 대한 마음이 깊어지면서 내심 그런 순간이 오기를 기대하고 있었어요. 그런데 그렇게 갑자기, 그것도 스크린골프장에서 그런 일이 일어나니 너무 실망이 컸던 거예요. 그런데 며칠 전에 김헌 사부님으로부터 기덕 씨가 저 때문에 골프 대회에 나가기로 하고 몇 달 동안이나 정신없이 연습했다는 이야기를 들었어요. 그래서 오늘….."

"잠깐만요, 서진 씨!"

그 순간 홍 대리는 건널목 신호에 걸려 멈춰 서 있던 차에서 그대로 내려버렸다.

"뭐, 뭐하시는 거예요?"

"잠깐만 여기서 기다리세요!"

홍 대리는 그러고는 길가에 있는 한 상가 건물로 황급히 달려가더니 모습을 감추었다.

영문을 알 리 없는 윤서진은 그저 홍 대리가 사라진 쪽을 바라볼 뿐이었다. 그리고 잠시 후 건물을 빠져나온 홍 대리의 손에는 커다란 꽃다발이 쥐어져 있었다.

"자, 먼저 이거 받으세요."

차에 올라탄 홍 대리가 꽃다발을 건네며 말했다. 이때 막 신호

등이 파란 불로 바뀌며 뒤차들이 빵빵 경적을 울려대기 시작했다. 하지만 홍 대리는 이에 아랑곳하지 않고 말을 이었다.

"오늘 나와줘서 정말 고마워요. 그리고 지난번에 실망하게 해서 미안하고요. 하지만 중요한 건 어쨌든 우리 서로의 마음이 진심이라는 것 아닐까요? 아직 많이 부족하지만 전 서진 씨를 위해, 아니 우리를 위해 정말 많이 노력할 거… 흡!"

홍 대리의 말을 끊은 것은 바로 윤서진의 입술이었다. 그녀의 떨림이 입술과 입술을 통해 홍 대리에게 살며시 전해졌다. 뒤차들의 경적이 이어지는 가운데 두 사람은 잠시 그렇게 서로의 마음을 확인했다.

마침내 입술을 뗀 윤서진이 홍 대리의 두 손을 맞잡으며 말했다.

"제가 그리던 첫 키스가 바로 이런 거였어요."

골프 천재가 된 홍 대리 2

퍼팅 실력을 급향상시키는
군용 담요 게임

"이야기가 잘 된 모양이군그래. 아주 넋이 나갔구먼. 허허."

윤서진을 집까지 바래다주고 골프학교에 들어선 홍 대리의 표정은 그야말로 기쁨으로 가득 차 있었다.

"사부님, 감사합니다. 덕분에 오늘 서진 씨의 마음을 드디어 확인했습니다."

"고맙긴, 그저 며칠 전에 서진 양이 골프학교에 들렀기에 자네가 요즘 나를 너무 귀찮게 한다고 하소연을 했을 뿐이라네. 그랬더니 부득부득 오늘 라운드에 데려가 달라고 하더군."

홍 대리는 그렇게 생색을 내지 않는 김헌 사부의 마음 씀씀이가 더 고마웠다.

"아무튼, 내가 자네를 굳이 다시 부른 건 오늘 보니 아무래도 한 가지를 더 가르쳐주어야 할 것 같아서일세."

"네, 사부님. 그게 어떤 건가요?"

"오늘 자네 플레이 중 가장 부족했던 부분은 바로 퍼팅일세. 예전에 이미 이야기했지만 보기 플레이 수준에서는 퍼팅 타수를 되도록 2타 이하로 유지해야 하네. 그런데 오늘 자네는 홀 대부분에서 세 번 만에 홀아웃하더군. 1~2m 정도 근접했으면 한 번에 넣는 확률이 높아야 하는데 거의 다 미스를 범하니 그럴 수밖에."

"아, 네. 사실 퍼팅은 풀 스윙이나 숏게임 스윙보다 평소 연습할 수 있는 여건이 마땅치 않다 보니 아직 좀 부족한 것 같습니다."

"흠, 아무래도 그렇지. 그래서 내 오늘 좋은 연습 방법을 하나 알려주려고 부른 걸세. 저기 소파 밑에 보면 녹색 군용 담요가 하나 있으니 꺼내서 펼쳐보게."

펼쳐진 담요 위에 직접 들고나온 다섯 개의 실리콘 홀 컵을 사방 귀퉁이와 가운데에 놓았다.

"군용 담요의 크기는 대략 가로세로 각각 150cm, 210cm 정도 된다네. 인터넷 쇼핑몰 등에서 어렵지 않게 구할 수 있지. 그리고 실내에서 홀 대신 사용할 수 있도록 만들어진 이 실리콘 홀 컵은 개당 4000~5000원이면 살 수 있어. 이렇게만 있으면 아주 훌륭한 퍼팅 연습 도구를 갖추게 되는 셈이지."

하지만 홍 대리는 집에다 담요를 깔아 놓고 연습할 생각을 하니 왠지 조잡해 보일 것 같아 내키지 않았다.

골프 천재가 된 홍 대리 2

"사부님, 보통 퍼팅 매트를 많이 쓰는 것 같던데…."

"내 생각이네만, 퍼팅 매트는 실제로 그리 큰 도움이 되지 않아. 한자리에서 늘 똑같은 방향으로만 연습할 수밖에 없거든. 실제 필드에서 퍼팅이 맘먹은 대로 되지 않는 이유는 다양한 거리와 방향에 대한 경험이 체득되어 있지 않기 때문이라네."

"아, 그에 반해 담요에서 연습하면 이런저런 여러 가지 상황에 맞춰 스스로 방향을 잡는 훈련이 가능하다는 말씀이시군요."

"우선 공을 맞히는 연습부터 하게."

김헌 사부는 공을 약 1m 정도 떨어뜨려 놓고, 자기 앞의 공을 퍼팅해서 떨어져 있는 공을 맞혔고 몇 번 반복하더니 홍 대리에게 퍼터를 건넸다.

"자네가 해보게."

홍 대리가 뭐 이리 쉬운 것을 시키나 싶은 심정으로 들어서서 막상 해보니 그리 쉽지 않다.

"호락호락하지 않지?"

"예, 보기에는 쉬워 보이는데 막상 해보니 그리 만만치 않네요."

"그래. 인간은 뭔가를 옆으로 서서 겨냥하고 맞히거나 던지는 운동을 해본 적이 거의 없네. 그래서 처음에는 편차가 있어서 어색한 거야. 그것을 극복하지 않고 퍼팅을 하려니 늘 어려운 거지."

"그렇군요. 근데 이걸 연습하면 퍼팅 실력이 좋아지나요?"

"퍼팅에서 방향감이란 결국 내가 원하는 방향으로 공을 보내는 능력 아니겠나?"

"그렇죠."

"골프는 1m 지점까지만 내가 원하는 목표로 보낼 수 있으면 된다네."

"1m 요?"

"그래, 1m. 10m를 보내더라도 1m 앞의 내가 설정한 점까지만 보내면 되는 거잖나."

"그렇기는 하네요."

"공 열 개를 연속해서 맞추고 나면 퍼팅 게임으로 넘어가게."

"군용 담요 위에서 게임을 합니까?"

"그렇지, 내 그래서 그 연습을 좀 더 효율적이고 재밌게 할 수 있도록 군용 담요 퍼팅 게임이란 걸 만들었지."

"군용 담요 퍼팅 게임이요?"

"규칙은 간단하네."

바닥에 공을 내려놓으며 김헌 사부가 말했다.

"출발점에서부터 모든 홀을 지나도록 순서를 정해 끝까지 도는 거야. 이로써 다양한 거리의 퍼팅을 연습할 수 있지. 단, 가운데 놓은 홀 컵은 정중앙이 아니라 대각선을 이루는 지점을 피해 살짝 옮겨놓아야 하네. 담요를 가로지르는 대각선을 따라 퍼팅을 하면 2m가 조금 넘는 거리가 되는데 실전에서는 이 정도일 때 퍼팅이 심리적으로 가장 어렵거든. 그러니까 귀퉁이에서 가운데를 잇는 경로

뿐 아니라 양 귀퉁이를 잇는 대각선 경로도 반드시 포함해야 한다
네. 그럼 실수가 없을 때 총 열 번의 퍼팅을 하게 되지."

"그럼 한 지점에 못 넣으면 될 때까지 그 자리에서 다시 해야
하는 건가요?"

"이것도 임의로 내가 정한 규칙이기는 한데 공이 나아간 거리
가 멀든 짧든 실패를 했을 때는 그 중간쯤에 놓고 다시 하는 걸세.
이로써 더 짧은 거리의 퍼팅도 연습할 수 있게 되지."

"와, 정말 기발한데요. 하지만 또 실패하면요?"

"그보다 짧은 퍼팅 연습은 별 의미가 없으니까 그냥 그 자리에
서 다시 하면 되네."

막상 이야기를 듣고 보니 홍 대리는 혼자서 할 수 있는 퍼팅 연
습으로는 이만한 것도 없겠다는 생각이 들었다.

"군용 담요 위에서 할 수 있는 연습법을 하나 더 알려주지. 이
건 문구점 같은 데 가면 쉽게 구할 수 있는 1m짜리 쇠 자야. 이걸
로 퍼팅 자세와 스트로크를 점검할 수 있다네."

언제 가지고 왔는지 김헌 사부는 기다란 자 하나를 들고 있었다.

"우선 이 쇠 자를 공을 보내려는 경로를 따라
홀 컵에 이어 놓고 자 끝부분의 구멍에 공을 올
리는 거야."

▶ 군용 담요
퍼팅 게임1

김헌 사부는 공을 구멍 부분에 올려 고정한
후 설명을 이었다

"그리고 발, 무릎, 어깨가 자와 수평을 이루도록 셋업을 취하는 걸세. 예전에 퍼팅에 대해 가르쳐줄 때 이미 이야기했네만 퍼팅 셋업은 공이 중앙보다 2cm 정도 왼쪽이 놓이도록 잡아야 하네. 퍼팅은 굴리기인 만큼 공은 퍼터가 최저점을 지난 후에 만나야 하거든. 쓸어 올리는 느낌으로 말이야. 그렇게 준비가 됐으면 1m보다 좀 더 가는 거리를 고려해 백스윙 크기를 정한 후 그대로 퍼팅!"

그러자 공은 기차가 레일을 타고 가듯 자 위를 달려 홀 컵에 쏙 들어갔다.

"와, 신기한데요!"

"셋업 자세가 자와 정확히 평행을 이루고 굴리기가 제대로 돼야만 이렇게 공이 똑바로 나간다네. 그러니 퍼팅을 익히는 데 이만한 연습법은 없는 게지. 군용 담요 한 장, 실리콘 홀 컵 다섯 개, 쇠자 하나면 비싼 연습 도구보다 훨씬 효과적인 연습을 할 수 있는 셈이지."

김헌 사부는 홍 대리의 눈치를 슬쩍 살핀 후 말을 이었다.

"결국, 주어진 여건이나 상황보다 더 중요한 건 자기 의지 아니겠나? 그러니 지금까지도 잘해왔지만 서진 양과의 관계에서도 위축될 필요 없네. 당장에야 가진 것도 배경도 서진 씨에 비해 보잘것없을지 모르지만, 자네는 무엇보다 중요한 그 의지가 있으니 말이야."

홍 대리는 김헌 사부의 충고에 가슴이 뭉클함을 느꼈다.

"사부님, 정말 감사합니다. 절대 실망시키지 않겠습니다."

▶ 군용 담요
퍼팅 게임 2

이로써 오늘 홍 대리는 비로소 철강인 골프 대회 참가라는 목표를 이루어냈을 뿐 아니라 뜻밖에 윤서진의 진심을 확인하기까지 했다. 하지만 이는 전초전에 불과했다. 윤길성 이사에게 자신의 의지를 증명하기 위해서는 골프 대회에서 좋은 성적을 거두어야만 했다.

홍 대리, 또다시 전설이 되다

드디어 대망의 철강인 골프 대회가 열리는 당일, 대회장을 찾은 홍 대리는 대진표를 확인하기 위해 게시판으로 향했다. 철강인 골프 대회는 4인 1조로 라운드를 하고 조별로 참가 회사들의 이사급 간부 한 명이 심사관으로 편성된다.

그런데 대진표를 본 순간 홍 대리는 잠시 숨이 멎었다. 같은 조에 서영규가 포함되어 있을 뿐 아니라 공교롭게도 윤길성 이사가 심사관으로 배정되어 있었기 때문이다. 또 서영규의 아버지 서문식 이사는 경기 운영 위원회의 위원장으로 이름이 올라 있었다.

'그래, 오히려 잘됐어.'

홍 대리는 잠시 머릿속이 복잡해졌지만 이내 마음을 다잡았다. 윤서진을 맘에 두고 있는 서영규와 정면 승부를 겨룰 수도 있고,

기왕에 윤길성 이사에게 잘 보이려고 한다면 과정까지 모두 보여 주는 편이 더 나을 수도 있을 터였다.

대진표 옆에는 경기 방식에 대한 안내가 붙어 있었다. 철강인 골프 대회는 아마추어 경기인 만큼 신페리오 방식new perio method 으로 진행된다. 신페리오 방식이란, 실력에 격차가 있는 다양한 선수들이 공정한 입장에서 경기할 수 있도록 고안된 경기 운영 방식으로, 경기 후 규정 타수가 모두 48이 되도록 임의로 히든 홀 hidden hall 이라고 불리는 전반 여섯 홀, 후반 여섯 홀을 뽑아 그 열두 홀의 타수에 1.5를 곱한 후 거기에서 18홀 규정 타수인 72를 뺀 수에 0.8을 곱해 핸디캡을 산정한다.

예를 들어 한 선수가 18홀을 끝낸 후 실제 스코어가 94타이고, 히든 홀 스코어의 합이 70이라면, 신페리오 방식에서는 94타로 성적을 평가하는 것이 아니라 70타에 1.5를 곱한 105에서 72를 뺀 33에 0.8을 곱한 26.4를 그날의 핸디캡으로 인정해 실제 스코어인 94에서 이를 뺀 68타로 성적을 결정하는 것이다. 핸디캡의 소수점은 반올림해서 계산하고 동점자가 나왔을 때 이로써 우열을 가린다.

"이봐, 홍 대리."

곧 경기가 시작되었고 첫 번째 홀의 티샷 순 서를 정하는 제비뽑기에서 일등을 한 서영규가 타석으로 향하던 도중에 홍 대리에게 다가왔다.

▶ 프리라운드
루틴에
대하여

골프 천재가 된 홍 대리 2

"정말 여기까지 왔군. 하지만 이래 봤자 소용없어. 네가 아무리 발버둥 쳐도 윤길성 이사님이 자네를 받아들일 일은 없을 테니 말이야. 게다 오늘 참가자들은 진즉에 보기 플레이어가 돼서 구력을 쌓아온 사람들이 대부분이라고. 어쩌다 운 좋게 한 번 보기 플레이 스코어를 낸 자네와는 수준이 달라도 한참 다르지."

그러고는 홍 대리가 뭐라고 대꾸할 틈도 주지 않은 채 자리를 떴다. 서영규가 발길을 향한 타석 쪽으로 고개를 돌리니 언제 왔는지 윤길성 이사 또한 일행에 합류해 있었다. 그 순간 그는 잠시 홍 대리와 눈이 마주쳤지만, 애써 무시하려는 듯 황급히 다른 쪽으로 시선을 돌렸다.

그리고 곧 서영규의 티샷이 이어졌다. 셋업에서 폴로 스루에 이르기까지 흠잡을 데 없는 스윙이었다. 공은 멋지게 날아가 페어웨이 중앙에 안착했고, 서영규는 회심의 미소를 지으며 타석에서 내려왔다. 서영규 또한 이날을 위해 홍 대리 못지않은 준비를 해온 게 분명했다. 그런 생각이 들자 홍 대리의 마음은 돌덩이처럼 무거워지고 말았다.

드디어 홍 대리의 첫 번째 티샷 순서가 되었다. 골프를 시작한 이래 그 어느 때보다 긴장되는 순간이었다. 가뜩이나 부담되는 와중에 서영규의 멋진 드라이버 샷으로 인해 심리적으로 더 위축된 홍 대리는 두근대는 심장을 가누기가 어려웠다.

이때 홍 대리의 머릿속에 스치는 생각이 있었다.

'스코어를 줄이는 라운드 습관 세 번째, 호흡을 점검하라.'

"후우…. 하…."

홍 대리는 크게 숨을 들이쉬었다 내쉬기를 반복했다. 그러자 다행히 조금씩 진정되어가는 것을 느낄 수 있었다. 그리고 비로소 타석에 자리를 잡고 프리 샷 루틴에 따라 빈 스윙을 거쳐 샷을 했다.

– 따악!

"나이스 샷!"

"여어, 홍 대리. 드디어 보기 플레이어 됐다고 그러더니 헛소문이 아녔나 보네."

홍 대리의 드라이버 샷이 서영규의 것 못지않은 비거리를 기록한 데다 두 번째 샷을 하기에는 더 유리한 고지에 공을 올린 것이다. 다른 일행들이 일제히 찬사를 쏟아냈지만, 서영규만은 못마땅한 듯 인상을 찌푸렸다.

홍 대리는 스스로 다짐했다.

'그래, 마음을 비우고 사부님이 가르쳐준 대로 차근차근 풀어나가자.'

●

홍 대리가 속한 조의 참가자 중 하나가 세 번째 홀에서 티샷을 했을 때였다. 그는 홍 대리와도 안면이 있는 거래처 과장이었다.

"아, 이런!"

공이 왼쪽으로 크게 휘어 훅이 나면서 워터해저드에 빠지고 만 것이다.

"와, 진짜 미치겠네. 쳤다 하면 훅이 나니 이거야, 원."

그리고 나서 두 번째 샷을 위해 이동하는 도중에 홍 대리가 조심스럽게 그에게 말을 건넸다.

"과장님, 훅 때문에 고민이 많으신가 봐요."

"어? 홍 대리, 그러게 말이야. 아무리 고치려 해봐도 잘 안 되네."

"주제넘은 말씀일지 모르겠지만 절 가르쳐주시는 선생님께 배운 게 있는데 혹시 도움이 될까 해서요."

그 두 사람 뒤에서 따라오던 윤길성 이사도 홍 대리의 이야기를 듣고는 그들의 대화에 귀를 기울였다.

"나야 그래 주면 고맙지. 어서 말해봐."

"공이 똑바로 날아가든 훅이 나든 슬라이스가 나든 일단 방향이 일정하기만 하다면 굳이 스윙을 고치려 하지 말고 공이 휘어 날아가는 정도를 고려해 조준을 틀면 된다는 겁니다. 백돌이든 보기 플레이어든 간에 스윙이란 게 아마추어 골퍼의 연습량으로는 단기간에 고칠 수 있는 게 아닌데 직진성 타구만 고집하다 보면 그저 스트레스만 쌓일 뿐이죠. 재밌자고 치는 골프인데 오히려 괴로우면 안 되지 않을까요?"

"오, 그럴 법한데. 역시 한 달 만에 머리 올린 전설의 홍 대리답

군. 고마워."

대화를 엿듣던 윤길성 이사도 고개를 끄덕이며 생각했다.

'흠, 이 친구 제법인데. 게다가 아무리 친선 경기라 해도 경쟁자에게 자기 비법을 알려주는 아량을 베풀기란 쉽지 않은 일인데….'

둘의 이야기를 엿들은 것은 윤길성 이사만이 아니었다.

서영규는 홍 대리가 꼴같잖게 누군가를 가르치려 드는 것도, 또 윤길성 이사가 그 모습을 지켜보며 호감의 눈빛을 보이는 것도 모두 맘에 들지 않았다. 그리고 두 번째 샷을 준비하며 홍 대리의 코를 납작하게 눌러주고야 말겠다는 일념에 사로잡혔다. 그런 생각 때문이지 셋업 자세를 취한 서영규의 팔과 손목에는 잔뜩 힘이 들어갔다.

－턱!

결국, 서영규가 휘두른 클럽은 공에 채 이르기 전에 바닥을 때리며 뒤땅이 나고 말았다.

"이런 제길…."

서영규는 눈을 가늘게 뜨고 홍 대리를 노려보았다. 지금 실수도 다 홍 대리의 건방 때문이라고 생각한 것이다.

●

세 번째 홀에서 홍 대리로부터 조언을 받은 거래처 과장은 이어지는 홀 내내 틈날 때마다 홍 대리에게 이것저것 물어보았고, 나머지 일행들도 덩달아 두 사람에게 모여들어 골프에 관한 화제들로 화기애애하게 이야기꽃을 피웠다. 유독 혼자 입을 꼭 닫고 있던 서영규가 못 참겠다는 듯 무리를 향해 내뱉었다.

"대회 중 아닙니까? 매너 좀 지킵시다, 매너 좀!"

"에이, 서 과장. 대회라고는 해도 어쨌든 친선 시합이지 않나. 어차피 다들 아는 사이인데 하루 즐겁게 보내면 그만이지 뭘 그래."

한 사람이 그렇게 대꾸하자 서영규는 얼굴을 붉힐 뿐 아무 말 없이 등을 돌렸고, 그 모습에 일행들이 수군댔다.

"저 친구 날카로워졌네."

"그럴 만도 하지. 구력이 몇 년 차인데 골프 시작한 지 이제 4~5개월 된 홍 대리랑 스코어가 엇비슷하니…. 앗!"

그 이야기가 들렸는지 일행을 싸늘한 표정으로 노려보고 있는 서영규를 발견하고는 황급히 입을 닫았다. 이 상황을 뒤에서 살피던 윤길성 이사는 머릿속이 복잡해졌다. 서영규의 옹졸한 태도와 좀 전 홍 대리의 모습을 비교하지 않을 수 없었기 때문이었다.

곧이어 홍 대리의 퍼팅이 있었고, 2m 정도의 만만치 않은 거리임에도 그간 해온 군용 담요 퍼팅 게임 덕분인지 단번에 홀 아웃을 해냈다. 그러자 일행들은 마치 자기 퍼팅이 성공한 양 함께 기뻐해 주었다.

'이번 퍼팅을 성공한 게 영규 군이었다면…?'

그런 생각을 한 윤길성 이사는 고개를 절레절레 흔들었다.

●

 어느덧 오늘 라운드는 아홉 홀을 지나 후반을 향하고 있었다.
그늘집에서 잠시 휴식을 취한 후 열 번째 홀로 향하는 길에 홍 대
리는 일행에게 생수병을 건네며 라운드 중에 왜 물을 많이 마셔야
하는지 설명해주었다. 그 모습을 유심히 바라보던 윤길성 이사가
홍 대리를 불렀다.
 "홍 대리, 잠깐 이야기 좀 할 수 있을까?"
 "아, 네. 이사님."
 "오늘 내내 지켜보니 자네는 일행들에게 이런저런 노하우를 계
속 알려주더군. 아마추어 경기이긴 해도 엄연히 시합인데 경쟁자
들에게 그래도 괜찮은 겐가?"
 홍 대리는 뜻밖의 질문에 잠깐 당황하기는 했지만 이내 대답
했다.
 "오늘 함께하시는 분들이 제겐 경쟁자가 아닙니다. 오히려 동
반자죠."
 "동반자?"
 윤길성 이사는 흥미로운 듯 홍 대리의 말에 귀를 기울였다.
 "골프는 탁구나 테니스처럼 상대방과 서로 실력을 겨루는 스포

골프 천재가 된 홍 대리 2

츠가 아니라 그저 자기 실력을 키워가며 기록을 경신해가는 게임이죠. 그러니 기왕에 네다섯 시간을 함께해야 하는데 서로에게 도움을 줄 수 있는 이야기들을 하면 좋잖아요. 또 다들 철강 관련 분야에서 일하시는 분들이니 제가 좋은 인상을 심어줄 기회이기도 하구요."

윤길성 이사는 홍 대리의 속 깊은 이야기에 자기도 모르게 고개를 끄덕였다.

"제 골프 선생님이 그러시더군요. 골프에서도 삶에서도 남의 떡에 정신 팔릴 시간 있으면 자신을 한 번 더 돌아보라고."

그때 앞서가던 일행들이 홍 대리를 불렀다.

"홍 대리, 뭐해? 이번 홀 티샷 자네가 먼저잖아!"

"아, 예! 금방 가겠습니다. 이사님, 그럼 먼저…."

"그래, 어서 가보게."

그렇게 멀어지는 홍 대리를 보는 윤길성 이사의 입가에 흐뭇한 미소가 떠올랐다.

●

비로소 18홀이 모두 마무리되었다. 홍 대리는 86타로 여유 있게 보기 플레이를 기록했는데 이는 공교롭게도 서영규와 같은 점수였다. 그 자체로는 상위권에 속하기는 했지만, 최종 스코어는 신페리오 방식으로 결정되기 때문에 경기 결과의 향방은 아직 미지수였다. 시상식장 앞에 모인 참가자들은 숨을 죽인 채 히든 홀 추첨 결과를 기다렸다.

클럽하우스 내에 마련된 경기 운영 위원회에서 추첨 작업이 막 마무리되었을 즈음이었다. 서영규가 위원회 방문을 슬쩍 열고 아버지 서문식 이사에게 잠깐 나와 보라며 손짓을 보냈다.

"어떻게 됐어요?"

"그게….."

서문식 이사는 잠시 뜸을 들이다 간신히 말을 이었다.

"한영철강 홍 대리가 우승했다."

"뭐, 뭐라고요?"

"실제 18홀 스코어로는 홍 대리와 네가 3등인데 히든 홀 스코어로 산출한 핸디캡이 홍 대리가 1, 2등을 앞지를 만큼 월등히 많이 나왔어."

그 이야기를 듣고는 얼굴빛이 붉으락푸르락 변한 서영규가 생떼를 쓰기 시작했다.

"아버지가 운영 위원장이잖아요. 히든 홀을 바꾸든지 해서 어떻게 좀 해봐요. 윤길성 이사님도 와 계시는데 그 자식이 우승하면 내 꼴이 뭐가 되냐고요!"

"으흠."

그 순간 뒤에서 귀에 익은 목소리의 헛기침이 들려 왔다.

"유, 윤 이사님."

"오늘 자네에게 실망이 크네."

서영규를 바라보는 윤길성 이사의 눈빛은 차갑기 그지없었다.

"자네에게 충고 한마디 하지. 나도 오늘 들은 얘기네만 그렇게 남의 떡에 정신 팔릴 시간 있으면 자신을 좀 더 돌아보게나. 그리고 서 이사, 우리 서진이랑 영규 군이랑 함께 식사하기로 했던 건 없던 일로 하세."

윤길성 이사는 그러고는 등을 돌려 자리를 떴다. 서영규와 서문식 이사는 부끄러움에 차마 대꾸조차 못 한 채 그 모습을 멍하니 지켜볼 수밖에 없었다.

●

"아니, 이 시간에 네가 여기에 웬일이냐? 아직 근무시간 아니니?"

윤길성 이사가 서문식 부자를 마주친 후 시상식장에 도착하자 홍 대리 곁에는 뜻밖에 윤서진이 함께 서 있었다.

"아…. 아빠, 실은 오늘 휴가 냈어요."

"잘하는 짓이다. 연애하느라 일은 안중에도 없는 게냐?"

윤길성 이사는 말로는 그렇게 꾸중을 했지만, 다행히 표정은 그리 화난 기색은 아니었다.

"죄송해요, 하지만 오늘은 기덕 씨에게 아주 중요한 날이라….."

"됐다. 그건 그렇고 홍 대리, 자네."

자기 때문에 윤서진 입장이 곤란해지면 어쩌나 걱정이 돼 바짝 긴장해 있던 홍 대리의 목소리가 높아졌다.

"네, 이사님!"

"다음 달에 철강인 골프 대회 역대 우승자들을 모아 친선 골프 대회를 개최할 생각이네. 10년 전 우승자인 나도 참가하고 말이야."

"아, 네. 네?"

홍 대리는 자기에게 왜 갑자기 그런 이야기를 하는지 영문을 알 수 없어 얼떨떨한 표정을 지었다.

"뭘 그리 어리둥절해? 자네도 참가해야 하니 하는 말인데."

"네? 제가 왜 그 자리에…. 아!"

그 순간 홍 대리의 두 눈이 휘둥그레졌다.

"서, 설마 제가 우승을 한 건가요?"

"그래, 자네가 오늘의 우승자일세. 수고했네."

그 소식에 홍 대리보다 더 반색한 것은 윤서진이었다.

"그게 정말이에요, 아빠? 기덕 씨, 축하해요!"

윤서진이 기쁨에 겨워 홍 대리를 와락 껴안자 당황한 홍 대리가 그녀를 떼어냈다.

"서, 서진 씨, 왜 이러세요. 이사님 앞에서…."

자기도 놀랐는지 윤서진은 황급히 홍 대리 곁에서 한 발 물러

섰다.

"죄송합니다, 이사님."

"자네 정말…."

윤길성 이사가 퉁명스러운 말투로 말을 이었
다.

▶ 성공한
골퍼들의
10가지 습관

"그래도 명색이 여자친구 아버진데 언제까지
이사님, 이사님 할 건가?"

홍 대리와 윤서진은 소스라친 듯 놀라 서로의 얼굴을 바라보았
다. 그 말은 윤길성 이사가 둘의 사이를 인정하겠다는 것과 다름
없었기 때문이었다.

"아직 아버님이라는 호칭은 이른 것 같으니 선배님 정도면 어
떨까 싶네. 자네나 나나 철강인 골프 대회 우승자니 말이야."

이제는 윤길성 이사의 표정도 완전히 누그러져 만면에 미소를
띠고 있었다.

"감사합니다. 서, 선배님!"

그렇게 홍 대리는 한 달 만에 머리를 올린 데 이어 채 반년도
안 돼 보기 플레이어의 반열에 오름으로써 '골프 천재 홍 대리'의
신화를 이어갔다.